新文科建设：以文化人系列丛书

优秀传统文化育人

国学根柢 世界眼光

薛红 周文德 康清莲 李铮 丁欢 编著

重庆大学出版社

图书在版编目(CIP)数据

国学根柢 世界眼光：中华优秀传统文化育人 / 薛
红等编著 . -- 重庆：重庆大学出版社，2024.7.
（新文科建设：以文化人系列丛书）. -- ISBN 978-7
-5689-4716-9

Ⅰ. K203

中国国家版本馆 CIP 数据核字第 2024DW2894 号

国学根柢　世界眼光——中华优秀传统文化育人

GUOXUE GENDI SHIJIE YANGUANG—ZHONGHUA YOUXIU CHUANTONG WENHUA YUREN

薛　红　周文德　康清莲　李　铮　丁　欢　编著
责任编辑：陈　曦　　版式设计：欧阳荣庆
责任校对：关德强　　责任印制：张　策
＊
重庆大学出版社出版发行
出版人：陈晓阳
社址：重庆市沙坪坝区大学城西路 21 号
邮编：401331
电话：(023)88617190　　88617185(中小学)
传真：(023)88617186　　88617166
网址：http://www.cqup.com.cn
邮箱：fxk@cqup.com.cn(营销中心)
全国新华书店经销
重庆升光电力印务有限公司印刷
＊
开本：890mm×1240mm　1/32　印张：8.625　字数：195 千
2024 年 7 月第 1 版　2024 年 7 月第 1 次印刷
ISBN 978-7-5689-4716-9　定价：45.00 元

新文科建设：以文化人系列丛书
编委会

总序

以文化人 生生不息

——新文科建设：以文化人系列丛书总序

四川外国语大学党委书记　邹　渝

　　四川外国语大学，简称"川外"（英文名为Sichuan International Studies University，缩写为SISU），位于歌乐山麓、嘉陵江畔，是我国设立的首批外语专业院校之一。古朴、幽深的歌乐山和清澈、灵动的嘉陵江涵养了川外独特的品格。学校在邓小平、刘伯承、贺龙等老一辈无产阶级革命家的关怀和指导下创建，从最初的中国人民解放军西南军事政治大学（以下简称"西南军政大学"）俄文训练团，到中国人民解放军第二高级步兵学校俄文大队，到西南人民革命大学俄文系、西南俄文专科学校（以下简称"西南俄专"），再到四川外语学院，至2013年更名为四川外国语大学。学校从1979年开始招收硕士研究生，2013年被国务院学位委员会批准为博士学位授予单位，2019年经人社部批准设置外国语言文学博士后科研流动站。学校在办学历程中秉承"团结、勤奋、严谨、求实"的优良校风，弘扬"海纳百川、学贯中外"的校训精神，形成了"国际导向、外语共核、多元发展"的办学特色，探索出一条"内涵发展，质量为先，中外合作，分类培养"的办学路径，精耕细作，砥砺前行，培养了一大批外语专业人才和复合型人才。他们活跃在各条战线，为我国的外交事务、国际商贸、教学科研等各项建设作出了应有的贡献。

经过七十三年的发展，学校现已发展成为一所以外国语言文学学科为主，文学、经济学、管理学、法学、教育学、艺术学、哲学等协调发展的多科型外国语大学，具备了博士研究生教育、硕士研究生教育、本科教育、留学生教育等多形式、多层次的完备办学体系，主办了《外国语文》《英语研究》等有较高声誉的学术期刊。学校已成为西南地区外语和涉外人才培养以及外国语言文化、对外经济贸易、国际问题研究的重要基地。

进入新时代，"一带一路"倡议、"构建人类命运共同体"和中华文化"走出去"等国家战略赋予了外国语大学新使命、新要求和新任务。随着"六卓越一拔尖"计划2.0（指卓越工程师、卓越医生、卓越农林人才、卓越教师、卓越法治人才、卓越新闻传播人才教育培养计划2.0和基础学科拔尖学生培养计划2.0）和"双万"计划（指实施一流专业建设，建设一万个国家级一流本科专业点和一万个省级一流本科专业点）的实施，"新工科、新农科、新医科、新文科"建设（简称"四新"建设）成为国家高等教育的发展战略。2021年，教育部发布《新文科研究与改革实践项目指南》，设置了6个选题领域、22个选题方向，全面推进新文科建设研究和实践，着力构建具有世界水平、中国特色的文科人才培养体系。

新文科建设是文科的创新发展，目的是培养能适应新时代需要、能承担新时代历史使命的文科新人。2020年11月3日，全国有关高校和专家齐聚中华文化重要发祥地山东，共商新时代文科教育发展大计，共话新时代文科人才培养，共同发布《新文科建设宣言》。这里，我想引用该宣言形成的五条共识。

一是提升综合国力需要新文科。哲学社会科学发展水平反映着一个民族的思维能力、精神品格和文明素质，关系到社会的繁荣与和谐。

二是坚定文化自信需要新文科。新时代，把握中华民族伟大复兴的战略全局，提升国家文化软实力，促进文化大繁荣，增强国家综合国力，新文科建设责无旁贷。为中华民族伟大复兴注入强大的精神动力，新文科建设大有可为。

三是培养时代新人需要新文科。面对世界百年未有之大变局，要在大国博弈竞争中赢得优势与主动，实现中华民族复兴大业，关键在人。为党育人、为国育才是高校的职责所系。

四是建设高等教育强国需要新文科。高等教育是兴国强国的"战略重器"，服务国家经济社会高质量发展，根本上要求高等教育率先实现创新发展。文科占学科门类的三分之二，文科教育的振兴关乎高等教育的振兴，做强文科教育推动高教强国建设，加快实现教育现代化，新文科建设刻不容缓。

五是文科教育融合发展需要新文科。新科技和产业革命浪潮奔腾而至，社会问题日益综合化、复杂化，应对新变化、解决复杂问题亟须跨学科专业的知识整合，推动融合发展是新文科建设的必然选择。进一步打破学科专业壁垒，推动文科专业之间深度融通、文科与理工农医交叉融合，融入现代信息技术赋能文科教育，实现自我的革故鼎新，新文科建设势在必行。

为全面贯彻教育部等部委系列文件精神和全国新文科建设工作会议精神，加快文科教育创新发展，构建以育人育才为中心的文科发展新格局，重庆市率先在全国设立了"高水平新文科建设高校"项目。而四川外国语大学有幸成为重庆市首批"高水平新文科建设高校"项目三个入选高校之一。这就历史性地赋予了我校探索新文科建设的责任与使命。我们要立足"两个一百年"奋斗目标的历史交汇点，准确把握新时代发展大势、高等教育发展大势和人才培养大势，超前识变，积极应变，主动求变，以新文科理念为指引，谋划新战略，探索新路径，深入思考学校发展的战略定位、模式创新和条件保障，构建外国语大学创新发展新格局，努力培养一大批信仰坚定、外语水平扎实，具有国际化视野和国际治理能力的高素质复合型国际化人才。

基于上述认识，我们启动了"四川外国语大学新文科建设系列丛书"编写计划。这套丛书将收录文史哲、经管法、教育学和艺术学等多个学科专业领域的教材，以新文科理念为指导，严格筛选程序，严把质量关。在选择出版书目的标准把握上，我们既注重能体现新文科的学科交叉融合精神的学术研究成果，又注重能反映新文科背景下外语专业院校特色人才培养的教材研发成果。我们希望通过丛书出版，积极推进学校新文科建设，积极提升学校学科内涵建设，同时也为学界同仁提供一个相互学习、沟通交流的平台。

"新文科建设：以文化人系列"是"四川外国语大学新文科建设系列"丛书中率先启动的部分。以"以文化人"的面目出现，充分体现了新文科建设中"价值引领"的极端重要性，凸显了"价值引领"在新文科建设中的牵引作用。

这是因为：文化自信是实现中华民族伟大复兴的精神力量。社会主义核心价值观是文化最深层次的要素，文化自信在根本上取决于社会主义核心价值观的生命力、凝聚力、引领力。围绕举旗帜、聚民心、育新人、兴文化、展形象的使命任务，大力推动中华优秀传统文化创造性转化、创新性发展，培育践行社会主义核心价值观，高等文科教育作为培养青年人自信心、自豪感、自主性的主战场、主阵地、主渠道，坚持以文化人、以文培元，大力培养具有国际视野和国际竞争力的时代新人，新文科建设任重道远。

"新文科建设：以文化人系列"由我校二级教授、当代中国研究院首席研究员，重庆市文化软实力研究中心主任，原党委常委、纪委书记苟欣文教授领衔，组织我校中青年教学科研骨干担纲，围绕"以文化人"主题，分别从时代使命、红岩精神、世界多元文化、中华优秀传统文化、电影节展文化、校史文化、大学生社区文化等角度切入，比较全面、深入地总结了我校文化育人的成果。同时，本系列作为苟欣文教授负责的重庆市高校思想政治教育"十大育人"精品项目"文化育人"类型唯一立项的"构建'八大平台'，把'双红基因'和'多元文化'融入'三全育人'实践体系"课题的最终成果，还比较好地兼顾了兄弟高校在文化育人方面取得的成果。

本项目从立项到出书，历时三年有余。

如今，交由重庆大学出版社公开出版的本系列共包括七本：

《愿化青春成利剑——时代使命育人》（林移刚等编著）；

《千秋青史永留红——红岩精神育人》（苟欣文等编著）；

《各美其美　美美与共——世界多元文化育人》（朱天祥等编著）；

《国学根柢　世界眼光——中华优秀传统文化育人》（薛红等编著）；

《光影沁润心灵——电影节展文化育人》（丁钟编著）；

《海纳百川　学贯中外——校史文化育人》（官晴华等编著）；

《润物细无声——大学生社区文化育人》（崔光军等编著）。

本系列着重理论成果向实践路径的转化，至于学术原创，或许并非作者们的初衷。各位编写老师坚持这一明确定位，保证了这个系列成果在同类教材中的独特价值。这条路子是正确的，广大师生是会认可并喜欢上这套选题独到、装帧典雅、文字鲜活、图文并茂的参考教材的。

《周易》云："观乎天文，以察时变；观乎人文，以化成天下。"

这是中国文化传统中"文化"和"人文"这两个概念最早的出处。文化最终就是要"人文化成"。在现代社会，"文化"演化成了一个名词，但实际上，文化原本是一个动词，它的落脚点就在这个"化"字上。无论是感化，还是教化，都体现了文化的本身价值和社会功能。以文化人才是正解。

探索以文化人，是一项长期而艰苦且正在行进中的工作。客观地讲，本系列目前还只是一个阶段性的成果。尽管编者们已尽心尽力，但成果转化的空间仍然很大。尤其是，书中提出的一些路径是否完全可行，还需要时间和实践验证。但无论如何，这是一个良好的开始，我相信以后我们会做得越来越好。

感谢重庆大学出版社领导和编辑对本系列的大力支持。由于时间仓促，且囿于我们自身的学识和水平，本系列肯定还有诸多不足之处，恳请方家批评指正。

以文化人，生生不息。

2023年6月18日写于歌乐山下

前言 | 用世界眼光筑牢国学根柢，不断拓展用中华优秀传统文化育人之路

　　什么是中华优秀传统文化？这是我们首先要搞清楚的。

① 教育部. 完善中华优秀传统文化教育指导纲要（教社科〔2014〕3号）[N]. 中国教育报，2014-04-02（3）。

　　2014年，教育部印发了《完善中华优秀传统文化教育指导纲要》①，要求各级学校切实加强中华优秀传统文化教育。学术界对如何加强中华传统文化教育进行了持续性的讨论，教育界也在实践层面进行了各种有意义的尝试。大学是高等教育的主阵地，肩负着人才培养、科学研究和服务社会的三大职能。面对时代转型的挑战和中华民族伟大复兴的责任，高校应该明确自己的时代任务，传承中华优秀传统文化，讲好中国故事，传播中国声音。

　　中华优秀传统文化是中国传统文化的精华，在中国漫长的历史岁月中，中华民族创造了海量的物质及精神文化，但有一些已经不再适应时代的发展，所以对"中华优秀传统文化"应该有一个明确的概念和定义。张岱年先生说"中国文化的优秀传统有丰富的内容，其中最主要的是两个基本思想观点：一是人际和谐，二是天人协调。"②这在当今"人类命运共同体"的构建过程中仍在发挥积极作用。他认为"中国

② 张岱年. 传统文化的发展与转变[N]. 光明日报，1996-05-04。

文化的优秀传统的核心是关于人生意义、人生价值、人生理想的基本观点，可以称为人本观点。"[1]李宗桂先生说，"所谓'中华优秀传统文化'，就其思想实质而言，是指中华民族在长期发展的进程中所创造出来的、在特定历史时期发挥了积极作用，在今天仍然有合理价值的思想文化（自然也包括物质文化，但主要的或者说基本的是思想文化）。之所以说中华优秀传统文化主要是指'思想文化'，是因为'思想文化'最能反映我们民族的人格追求、价值取向、思维方式、审美情趣等精神层面的特质。"[2]这种观念基本得到了学界共识，中华文化发展源远流长，沉淀下不计其数的传统文化形态，其中的糟粕与不适应时代发展的部分应摒弃，对于优秀中华文化要大力弘扬和传承，以之教育青年一代。优秀中华文化的精华就是"思想文化"，是中华民族区别于其他民族的思想精髓，也是中华民族绵亘上千年的文化密码。中华优秀传统文化是中华民族的文化根脉，"其蕴含的思想观念、人文精神、道德规范，不仅是我们中国人思想和精神的内核，对解决人类问题也有重要价值"[3]。以"思想文化"为中心，承载"思想文化"的实体性典籍及物质化文化遗产就是优秀传统文化的当代呈现。国学典籍具体记载了先贤圣哲的思想，这些思想塑造了今天的中华民族，也成就了中国人今日的精神气质，显现着中华思想文化的脉络源流。这些思想文化精华渗透在中国人的生活方式中，也在中国人喜爱的艺术形式、民间技艺中展示出来。

① 张岱年：中国文化优秀传统的生命力，《中国文化研究》1993年第1期。

② 李宗桂：关于中华优秀传统文化当代价值的两点思考，《文化软实力》2019年第2期。

③ 习近平谈治国理政（第3卷）[M].北京：外文出版社，2020：314。

习近平总书记在全国高校思想政治工作会议、北京大学师生座谈会、全国教育大会等会议上发表了一系列重要讲话，回答了高等教育"培养什么人、怎样培养人、为谁培养人"的重大问题。中华优秀传统文化彰显着中华民族独特的精神气质和价值追求，是中华民族的精神根脉，是赓续中华民族传统、永葆中华民族血脉的根本所在，同时也蕴含着丰富的立德树人的教育资源。通过中华优秀传统文化教育可以培养具有文化传承使命的社会主义建设者和接班人。中华优秀传统文化教育为思想政治理论课提供了内在的精神支撑，是落实高校立德树人根本任务的关键性课程，能够为"为党育人，为国育才"提供重要保障。以中华优秀传统文化培养高素质全面发展的人才，对国家发展、民族复兴具有重要意义，系统总结并提炼这些有益经验有利于中国特色社会主义文化的发展繁荣，有利于推动中华文化走向世界，有利于增强中华民族的"四个自信"。这也是构筑"中国式现代化"历史脉络的重要途径。

在高校的人才培养中引入优秀传统文化最直接的意义就是能够丰富学生的基础文化知识。高校的人才培养工作有必要将优秀传统文化知识引入到日常教学中，让学生不断积累基础文化知识，这对于学生未来的兴趣发掘和工作发展都会有很大帮助。同时也能够培养面向世界宣传中国文化、讲好中国故事的新时代人才，完成二十大报告所提出的"坚守中华文化立场，提炼展示中华文明的精神标识和文化精髓，加快构建中国话语和中国叙事体系，讲好中国故事、传播好中国声音，展现可信、可爱、可敬的中国形象"的历史使命。

通过优秀传统文化的教育，能够提升学生的人格修养。中华优秀传统文化蕴含着丰富的人文主义思想，传达出中华民族的精神内核和精神指向。高校学生通过学习中华优秀传统文化，能够有效提升内在修养，树立良好的思想价值观念和崇高的人生理想。

通过优秀传统文化的教育，能够加深学生对国家和民族的认识。"中华文明延续着我们国家和民族的精神血脉，既需要薪火相传、代代守护，也需要与时俱进、推陈出新。"①

① 习近平. 在哲学社会科学工作座谈会上的讲话［N］. 人民日报，2016-05-19（2）.

优秀传统文化是一个国家和民族的标签。高校学生是祖国未来的建设者和管理者，也是优秀传统文化的继承者和发扬者。学习优秀传统文化，能够让高校学生更加深入地认识自己的国家和民族，加强为国家和人民服务的自觉。构建高校中华优秀传统文化课程体系，让中华文化基因在青年学生心中生根发芽，使学生能够充分了解中华优秀传统文化的基本精神和价值体系，充分理解中华优秀传统文化在新时代的价值体现，充分认同习近平新时代中国特色社会主义思想，"点燃学生对真善美的向往，使社会主义核心价值观润物细无声地浸润学生们的心田、转化为日常行为，增强学生的价值判断能力、价值选择能力、价值塑造能力，引领学生健康成长"②。

② 习近平. 在北京师范大学师生座谈会上的讲话［N］. 中国青年报，2018-05-03。

在高校的优秀传统文化教育中，一般采取如下几种途径：

（一）传统文化与专业课程相结合。在高校的专业课程教学中，引入优秀传统文化的内容。高校专业课程是现代大学体系下理论和实践的产物，但追根溯源都能在优秀传统文化中找到历史来源。学生在学习专业课程的同时，能够了解到古代劳动人民对专业技术发展作出的杰出贡献，对传统文化产生更多的感性认识和理性认知。将专业课程引入到优秀传统文化教学中，教师深入挖掘本专业历史与传统文化之间的关系，传授专业知识的同时，展现出优秀的传统文化。

（二）系统性开展传统文化、经典典籍教育。教育部关于《完善中华优秀传统文化教育指导纲要》（以下简称《纲要》）明确提出：大学阶段要"深入学习中国古代思想文化的重要典籍，理解中华优秀传统文化的精髓，强化学生文化主体意识和文化创新意识"[①]。中国古代思想文化的重要典籍是大学生了解中华优秀传统文化的主要媒介，根据《纲要》的精神，高校应以长

> [①] 教育部. 完善中华优秀传统文化教育指导纲要（教社科〔2014〕3号）[N]. 中国教育报, 2014-04-02 (3)。

远的战略眼光、战略思维来思考和谋划中华优秀传统文化的教育问题，在此基础上构建一套科学系统的中华优秀传统文化课程体系。针对相关专业学生系统开展中华优秀传统文化的课程教学工作，利用思想政治课程进行中华优秀传统文化的教育工作，开设大学语文、国学、思想史等内容，构建公共必修课程、选修课程、线上课程三位一体的中华优秀传统文化课程体系，培养大学生对传统文化的兴趣。在通识课程的设置中，开设汉服等文化体验课程，使学生身临其境地体会中华文明中的衣冠礼仪；开设茶文化、香道、古琴等课程，使学生熟悉中国传统茶文化及相关实践操作，在其中修身养性、品味人生，领略传统文化的哲思与美感；开设国学经典等课程，让学生习读古文经典，感受先贤思想，加深对中国传统思想文化的认知与理解。通过对各类器物文明、书画、戏曲等文化遗产的鉴赏和学习，深化学生对中国美学和中国风格的感悟与理解。这对留学生的教育培养也会有很好的推动作用。

（三）依托中文专业，培养优秀传统文化的传承者与讲述者。本科专业中的汉语言文学与国际中文教育是当前中文教育中的传统专业，涵盖了很多文学、文化类课程，比如古代文学、现代文学、当代文学、比较文学、民俗学、古代汉语、现代汉语等课程。这两个

专业教育的目标，就是培养具备扎实汉语言文学基础，熟悉汉语言与文学知识，具备较强审美与文字表达能力的综合性语言文字复合型人才。国际中文教育专业还要培养国际中文教育教学人才。随着教育事业的不断推进，在新时期我们不能局限于单纯的语言文学研究，还要成为中华文化的传承者与讲述者，发出中国声音，讲好中国故事。以更加开阔的视野传播优秀传统文化，与汉语言文学专业教育相结合，以专业学生为基础，形成一个更加广阔的传播体系，为中华优秀传统文化的传承和弘扬奠定坚实的基础。

（四）开展相关的校园文化活动。校园文化活动是高校学生喜闻乐见的学习形式和第二课堂形式，学生通过参加校园文化活动，能够主动融入高校的学习生活氛围中，可以达到良好的社交和学习效果。在校园文化活动中引入优秀传统文化活动，能够有效满足学生的学习需求。高校组织传统文化的校园活动，使学生在娱乐的同时深入了解我国优秀传统文化，实现个人素养的熏陶和思想道德的升华。另外，地域文化与中华优秀传统文化一脉相承，又极具地方特色，生动亲切。结合所在地的地域传统文化特色，结合非遗文化，开设非遗技艺等地域文化实践课程，能够拉近传统文化与学生的距离，加深学生对中华优秀传统文化要义及基本精神的理解和把握。

（五）结合地方社会实践与文化产业，积极开展创新创业实践活动。结合人文学科特点，利用创新创业平台，引导学生利用传统文化中的美育功能和艺术特色，打造文化产品，进行文化传播，学以致用，反哺社会。坚持"古为今用、洋为中用，辩证取舍、推陈出新"① 习近平. 在文艺工作座谈会上的讲话 [N]. 人民日报, 2015-10-15（02）。。坚持古为今用，合理利用优秀传统文化，创造性融入新时代生产生活，推动优秀传统文化的转化再造与发展创新；坚持洋为中用，加强中华优秀传统文化国际传播以及与各国文明的交流互鉴，兼收并蓄各国文明精华，融汇创新，提升世界影响力。

　　本书依据传统文化育人路径进行编撰，总结和展示了四川外国语大学优秀传统文化育人的成果与做法。四川外国语大学成立于1950年，1985年组建对外汉语系，2004年成立中国语言文学系（简称"中文系"），2020年更名为中国语言文化学院（简称"中文学院"）。中文学院是我国较早培养对外汉语教学专业人才的院系之一，于2011年获批中国语言文学一级学科硕士学位授予点，涵盖了文艺学、语言学及应用语言学、汉语言文字学、中国古代文学、中国现当代文学、比较文学与世界文学等6个二级学科硕士点；2014年获批1个专业硕士学位授权点（汉语国际教育），另设有历史语言学、社会语言学2个跨专业博士方向。现有2个本科专业：汉语国际教育、汉语言文学。其中，汉语国际教育专业是国家级一流专业，重庆市一流专业，重庆市首批品牌专业、首批特色专业；汉语言文学专业是重庆市第二批特色专业，重庆市一流专业。依托重庆市新文科建设高校项目，中文学院开设了"汉语国际教育+西班牙语"交叉专业、"中华文化国际传播"微专业以及校企联合培养"互联网+国际中文教育"特色人才；依托重庆市国际化特色高校建设项目，中文学院致力打造"多语种+国际中文教育"特色人才库、中国语言文化体验与研究海外中心等。经过多年建设，中国语言文学一级学科已建设成为重庆市重点学科、重庆市首批特色学科专业群。在优秀传统文化育人方面，四川外国语大学独具自身的外语特色与优势，依托中文学院的学科优势及学校各语种的跨专业融通，秉持"国学根柢，世界眼光"的理念，进行了一系列有益的尝试。

目录

国学根柢　世界眼光

SISU

中华优秀传统文化育人

01

第一章

国学经典涵养
人文底蕴

2014年3月，教育部印发《完善中华优秀传统文化教育指导纲要》，要求把中华优秀传统文化融入课程和教材体系，有序推进中华优秀传统文化教育。2017年12月，教育部颁发了《高校思想政治工作质量提升工程实施纲要》，提出要深入推进文化育人。党的二十大报告指出：中华优秀传统文化源远流长、博大精深，是中华文明的智慧结晶，其中蕴含的天下为公、民为邦本、为政以德、革故鼎新、任人唯贤、天人合一、自强不息、厚德载物、讲信修睦、亲仁善邻等，是中国人民在长期生产生活中积累的宇宙观、天下观、社会观、道德观的重要体现，同科学社会主义价值观主张具有高度契合性。

中华优秀传统文化是我们最深厚的文化软实力，也是中国特色社会主义植根的文化沃土，而国学经典无疑是中华优秀传统文化中极其重要的组成部分。本章以四川外国语大学通识教育课程《国学原典导读》为例，通过对国学经典的体悟和解读，在校园中营造良好的学习国学经典的氛围，从而进一步提升大学生对中华传统文化的理解和认知，更好地继承和弘扬优秀传统文化，增强文化自信，培养爱国主义情怀。

一、国学育人的必要与可能

"国学"一词，钱穆在《国学概论》"弁言"里说它"前既无承，将来亦恐不立。特为一时代的名词。其范围所及，何者应列国学，何者则否，实难判别。……时贤或主以经、史、子、集编论国学，如章氏《国学概论》讲演之例。"[①]虽然，钱穆并不特别认可章太炎的经、史、子、集的分类，觉得不够完备，但其书的纲要也基本以六经、先秦诸子、两汉经学、魏晋玄谈、隋唐佛学、宋明理学、清代考证学为序组织结构。而且，从钱穆的阐述中可以看出，"国学"出自章太炎先生《国故论衡》及《国学概论》的演讲，它以先秦经典和诸子学说为根基，涵盖两汉经学、魏晋玄学、隋唐佛学、宋明理学和同时期的汉赋、六朝骈文、唐诗宋词、元曲和明清小说以及历代史学等内容，形成恢宏的"经、史、子、集"四大部分。1906年，邓实先生曾这样给"国学"定义："国学者何？一国所有之学也。有地而人生其上，因以成国焉，有其国者有其学。学也者，学其一国之学以为国用，而自治其一国也。"[②]也就是说，国学是中华民族在几千年的历史过程中孕育、发展出来的，为中国人所认可、继承和传承学习的宝贵文化财富，是大家共同的文化基因。据此，"国学"的说法，产生于西学东渐、文化转型的历史时期，在章太炎、王国维、胡适等一大批国学大师的推动下，盛行于20世纪20年代。随着时代的发展，世界格局的变化，东西方文化在相互融合的过程中，

① 钱穆：《国学概论》，北京：商务印书馆，1997年7月第1版，第1页。

② 邓实：《国学讲习记》，上海：《国粹学报》，第19期。

碰撞也愈趋激烈，从某种程度来说，文化软实力的竞争在国与国的竞争中愈益重要，任何国家都希望在文化阵地抢占先机。"越是民族的，越是世界的"，因此，重视本民族的优秀文化，保有自己的民族文化特色，让自己的民众尤其是年轻人认同本民族的文化，这对树立文化自信至关重要。

《国学原典导读》在四川外国语大学归属于核心通识教育，"原典"有源头之意，它是文化的源头，引导学生阅读传统文化的开山式著作是该门课程的任务。通识教育是什么？单从字面理解，"通"就是打通、贯通、明了；"识"，知识、学养、识鉴。通识教育目的是培养学生能独立思考，对不同的学科都有所认识，然后融会贯通。鲍鹏山教授曾在《好的教育是什么》中说："好的教育一定是人的教育，就是人自身的教育、人的主体性的教育，而不是人的某些功能性的教育……教育让人本身变得更完美、更强大，使人的情感变得更丰富，理智变得更健全。"[1]在当今这个时代，一个只懂技术缺乏基本人文素养的"跛足人"，是无法立足于这个丰富复杂世界的。因此，《国学原典导读》在对学生进行传统文化教育时，课程的定位是：突破工具理性，打破专业壁垒；培养健全人格，促进全面发展；缩短时空距离，亲近传统文化；强化人文底蕴，懂得学以致用；活用传统经典，思政春风化雨。

> [1] 来源得到 App，《校长高参》，2022-04-15。

（一）树立文化自信，国学教育责无旁贷

中共中央和习近平总书记对中国传统文化的学习和传承特别重视，甚至可以说，已经把弘扬和发展中国传统优秀文化提到了时不我待的紧迫感、当仁不让的责任感、舍我其谁的使命感的高度。

2013年3月7日，习近平总书记在中央党校建校80周年庆祝大会暨2013年春季学期开学典礼上的讲话中说："中国传统文化博大精深，学习和掌握其中的各种思想精华，对树立正确的世界观、人生观、价值观很有益处。学史可以看成败、鉴得失、知兴替；学诗可以情飞扬、志高昂、人灵秀；学伦理可以知廉耻、懂荣辱、辨是非。"[①]世界观、人生观、价值观，就是我们平常所说的"三观"。一个人如果"三观"端正，他的人生基本不会偏离航向，而如果"三观"不正，毁"三观"，出事就是或早或晚的事。可见，弘扬传统文化，继往开来，与古为新，是我们国家领导人和整个社会对大学高层次人才培养的普遍期望和热切要求。

① 习近平：《论中国传统文化——十八大以来重要论述选编》，北京：新华网，2014-02-28。

教育部在《完善中华优秀传统文化教育指导纲要》的通知的第三部分"分学段有序推进中华优秀传统文化教育"中，指出大学阶段应当"以提高学生对中华优秀传统文化的自主学习和探究能力为重点，培养学生的文化创新意识，增强学生传承弘扬中华优秀传统文化的责任感和使命感。深入学习中国古代思想文化的重要典籍，理解中华优秀传统文化的精髓，强化学生文化主体意识和文化创新意识；深刻认识中华优秀传统文化是中国特色社会主义植根的沃土，辩证看待中华优秀传统文化的当代价值，正确把握中华优秀传统文化与中国化马克思主义、社会主义核心价值观的关系。引导学生完善人格修养，关心国家命运，自觉把个人理想和国家梦想、个人价值与国家发展结合起来，坚定为实现中华民族伟大复

① 教社科〔2014〕3号，中央政府门户网站www.gov.cn 2014-04-01。

兴的中国梦不懈奋斗的理想信念"①。从教育部的这个文件中，我们看到，教育主管部门已经在各级教育层面将弘扬中华传统文化与延续文化命脉，振兴国家民族的宏业紧密结合起来。

尽管大家都普遍认识到以国学经典为核心的传统文化教育对提高高等教育质量、提升高层次人才综合素质的重要价值，但毋庸讳言，我国目前高层次人才培养确实仍存在诸多问题。我国高等院校现在实行的是西方学科分类的体制，学生在高中学习阶段分科很早，以至于文、理科互相之间比较隔膜，即便是人文学科，也是文、史、哲三科分列，导致学生知识结构有残缺，难以做到融会贯通。如强化专业性、实用性、时效性，普遍存在专业细化、课程结构单一、知识面狭窄等问题。人文教育的缺失，造成了学生适应社会能力差，在面对社会压力、心理困惑、情感矛盾、文化冲击时找不到妥善的解决办法。尤其是对理工科学生过分强化专业教育，轻视人文素质教育，导致工具理性明显强势，人文精神明显弱化，学生的语言表达能力、文字书写能力、精神视野存在明显短板，这样的"跛足人才"，显然不符合高层次创新型人才培养的目标。

随着中国经济的迅猛发展，一方面让国人找回了自信，另一方面道德信仰的滑坡也有目共睹。人们的物质财富丰富了，幸福感却降低了，甚至出现了信仰危机。"精致的利己主义""躺平""佛系""内卷"等极端的现象出现在大学生群体中，且还较为普遍。这些病态社会心理已经不是个案，而是形成了普遍的社会现象，比如：

（1）物质化倾向：重物质，轻精神。

（2）粗俗化倾向：不关心时政，对国家大事、世界格局漠不关心，只局限于柴米油盐，向原始的动物本能回归。

（3）冷漠化倾向：人际关系冷漠，缺乏同情，甚至围观、起哄别人的痛苦，用语言暴力杀人。

（4）躁动化倾向：情绪化和非理性，充满戾气，尤其是网络时代，由于网络的虚拟性，键盘侠暴增。

（5）无责任化倾向：无兴趣（情绪冷淡，精神空虚，情感萎缩，厌世不振），无所谓（虚无主义，玩世不恭，现在称这种现象为"佛系"），无意义（缺乏积极性、主动性、甘愿躺平）；无创造性（得过且过）。

（6）浮夸化、虚假化倾向：说假话、说大话、急功近利化。

大学就是一个小社会，社会存在的弊端，大学同样存在，而大学是为社会输送人才的大本营，当之无愧应该成为文化的引领者。怎样把青年学生培养成国家所需的高素质人才？国学博大精深，作用于人的精神领域更直接，结合课程特点，利用中华优秀传统文化对学生进行浸润式的思想教育，可以让学生在春风化雨中得到正向引导。因此，树立文化自信，国学教育责无旁贷。

（二）信仰重塑，国学教育得天独厚

国学经典是中国五千年文明的积淀，是先贤圣哲思想智慧的结晶，斯特劳斯曾说："今人已无法与古人直接交谈，因而不能通过聆听循循善诱的言说，来接受其教诲和点拨；同时人们也不知道，在这个喧嚣浮躁的时代，是否还能产生他所说的'最伟大的心灵'，即使能产生，又有几人能幸运地与之在课堂或现实中相遇。好在'最伟大的心灵'的言说是向

① 汪涌豪：经典阅读的当下意义，上海：文汇报，2013年1月22日。

今人敞开的，人们可以也只能与那些心灵在其智慧的结晶——'伟大的书'中相遇"。① 经典就是这种"伟大的书"。我们必须让浮躁的心沉淀下来，先回归到国学的根本上来，因为"国学"蕴含着优秀的传统文化和美德，值得我们永久继承和发扬。这些精神内核将超越时空而永存，并不断焕发生机，是取之不尽，用之不竭的宝贵教学资源。

② 朱熹：《观书有感二首》，转引自《宋诗鉴赏辞典》，上海：上海辞书出版社，1987年12月第1版，第1117页。

国学研习的对象是中国的传统文化，它对我们个体有什么价值呢？我想借朱熹的一首诗来比喻式说明："半亩方塘一鉴开，天光云影共徘徊。问渠那得清如许？为有源头活水来。"② 该诗是抒发读书体会的理趣诗，它在描绘事物本身感性的形象时，又蕴涵了深刻的哲理。"半亩方塘一鉴开，天光云影共徘徊"，半亩的"方塘"很小，但它像一面镜子，澄澈明净，"一鉴"的"鉴"，就是镜子。"天光云影"都被它反映出来了，云影浮动，纤毫毕现。作为一种景物的描写，此两句已写得十分生动，其展现的形象给人以美感，能使人心情澄净，心胸开阔。这种感性的形象本身，它还蕴涵着一种理性的东西。很明显的一点是，"半亩方塘"里边的水很深、很清，所以"天光云影"在里面反射得一清二楚；反之，如果很浅、很污浊，它就不能反映，或者是不能准确地反映。诗人正是抓住了这一点作进一步的挖掘，写出了颇有哲理的三、四两句："问渠那得清如许？为有源头活水来。""问渠"的"渠"不是"一渠水"的"渠"，它是指示代词"它"，这里是指方塘。"问渠"就是"问它"，诗人并没有说"方塘"有多深，而是突出了一个"清"字，"清"就已经包含了"深"。如果塘水没有一定的深度的话，即使很"清"也反映不出"天光云影共徘徊"的情态。至此诗人并没有结束，他进一步提出了一个问题，"问"那个"方塘""那得清如许？"而这个问题"方塘"本身没有办法回答。诗人于是放开了眼界，看向远处，终于他看到了"方塘"的"源头"，找到了答案。就因为"方塘"不是无源之水，而是有那永不枯竭的"源头"，源源不断地给它输送了"活水"，才永不陈腐，永不污浊，永远"深"且"清"。"清"得不仅能反映出"天光云影"，而且能反映出"天光"和"云影""共徘徊"这么一种细致的情态。这就是这首诗所展现的形象和思想意义。

如果问到国学对我们的价值，可以说，它是我们生命的源头活水。因而国学应该具有这样的特征：

（1）诗意之学：中国是诗的国度，素有"诗言志、歌永言""在心为志，发言为诗""文以载道"的优良传统。中国古代文史哲不分家，国学是无用之大用。如果我们的心灵中没有诗意，我们的记忆中没有历史，我们的思考中没有哲理，那我们的生活将会干枯无趣，国学能让我们诗意地栖居，脚踏大地，仰望星空。

（2）为己之学：孔子说"古之学者为己，今之学者为人"[1]。一个人在学习的时候，抱着极强的功利目的，心有旁骛，总想着学这个就能得到什么，那是为人之学。而为己之学，是无功利目的的学习，它会使我们沉静

> [1] 杨伯峻：《论语译注》，北京：中华书局，1980年12月第2版，第154页。

下来，踏踏实实地学习，从而使自己的学养不断丰富，身心不断净化，辨别事物的能力不断提高，逐渐地趋近一个终极

目标，就是利他。这就是儒家所说的修齐治平之道。

（3）至善之学：国学最本质的是至善之学，它最重要的价值是解决人的心灵问题，其最终目的是挖掘人内心的善，让人的心灵变得柔软、温暖、慈悲，从而达到一个至善喜乐之境，温润如君子。

这类核心价值取向经过几千年的传承，优胜劣汰，为实践所检验，对人的塑造作用有目共睹，用这些教育学生，肯定比空口说教效果好得多。如果大学生能根据国学所倡导的这些大家精神作为自己的行动指南，就可以成为一个品行高尚、素质优良的人，对国家和社会就能起到积极正面的导向作用。

（三）崭新定位，上好"开学第一课"

四川外国语大学的校训是"海纳百川，学贯中外"，中国语言文化学院的院训是"国学根柢，世界眼光"，《国学原典导读》这门课可以说最中国，在川外开设多年，现为核心通识选修课。"苟日新，日日新，又日新。""周虽旧邦，其命维新。"国学就是这样一门既古老又新鲜的学问，它不会随着时间过时，同时它又博大精深，汩汩滔滔，不择地而出。学校为刚刚进入大学的大一学生开设这门课，可以说既有远见，又切合学生实际。大一新生刚刚经历高考后的假期，很多同学还没有从放松懈怠的状态中"收心"。因此，大一的学生如果引导得不好，就会造成易放难收，荒废时光的恶果，等醒悟过来，已悔之晚矣。

《国学原典导读》在大一第一学期开设，国学课题组的定位就是把它作为大学新生的"开学第一课"，同时也是我们四川外国语大学的"开学第一课"。"国学原典"涵盖"经、史、子、集"及其解读和传播的著作。该课程为大一学生开设，新生开学后需进行为期一个月的军训、学前教育，接着又是一周的国庆假期，学生只有十三周26个学时的课程学习时间，我们面临的最大矛盾就是海量的学习内容与有限的课时之间的矛盾，因此，给学生导读的经典只能择其要者。儒道二家是中国思想的阴阳二极，既相互对立，又相互补充，其对学生汲取传统文化精华、修身养性大有裨益，因而我们主要选讲儒道二家的典籍：《易经》《大学》《中庸》《论语》《孟子》《老子》《庄子》。该课程有自编教材《国学经典导读》，在教材第二版改版时，我们增加了"拓展阅读"部分，通过扫描二维码就可以扩展阅读范畴，鼓励有兴趣的学生自读。作为普通的国学学习者，我们主张学生"重研读、重感悟、重实践"。通过教与学，培养学生对中国古代传统文化的兴趣，培养学生"三会"：会学习、会思考、会表达；"三心"：有爱心、有责任心、有上进心。

因而，在设计这门课时，我们给课程增加了一些传授知识之外的任务，那就是培养学生浓厚的学习兴趣，不让学生刚进大学就败坏了学习的胃口；树立正确的"三观"，引导学生平稳过渡，在春风化雨式的循循善诱中对学生进行心灵的启迪。但要怎样做才能让这门课有内涵而不流于空洞、有深度但不佶屈聱牙、面目可憎呢？这就必须在传统和创新之间找到平衡点，在变与不变之间探索行之有效的方式方法。

二、国学育人的创新与探索

为了让中国传统文化教育在高层次人才培养中真正落地生根，课程组常常切磋琢磨，整体进行谋划、思考、布局、实施，从课程教学内容体系创新、教学方法创新、评价模式创新等诸多方面形成一个组合拳，收到了良好的社会效应，为创新体系的构建提供了有力的支撑。

（一）教学内容体系的创新

在"五四"新文化运动以前，我国的经典著作大部分都以文言文撰写，由于年代久远，文本陌生，很多人学起来感觉耗时耗力。因此，课程组在《国学原典导读》的课程总体设计上贯彻以学生为中心的理念，不把过去对文学类专业学生讲授的内容照搬过来，而是重新选择设计普适性的学习内容，做到严谨有实效与生动有乐趣有机结合，让学生在学习的过程中增长知识、提升能力、培养情趣、富有人文精神。这是高层次人才培养传统文化教育创新体系构建的基础。

1.教材编选的创新

课题组六位主要成员考虑到大一学生的特点，撇开大部头，从海量的传统经典中筛选，选取经典中的经典，以口袋书、枕边书的容量为限，除非篇幅非常短小的，如《三字经》《弟子规》《朱子家训》等读物全文录用，其余均以节选的方式，其目的一是便于携带，二是对于非专业的学生来说，该课程更多的是一种通识教育，没必要走高、精、深的路线。选择好经典以后，编选者做了注释翻译工作，编成《国学经典导读》作为教师讲解和学生阅读的教材。《三字经》《弟子规》《朱子家训》等乃蒙学读物，言浅而义深，通过对它们的诵读，可以培养学生修身养性、为人处世、读书立志、安贫乐道、济世助人、为官执政等与生活、学习、工作密切相关的大节。《大学》《中庸》《论语》《孟子》，在古代被称为"四书"，乃读书人参加科举考试的必读书目，孔子、孟子是儒家精神的奠基者，通过对这几部有代表性的著作的解读，可以系统了解儒家文化的演进历程，揭示儒学的真精神，剖析儒学现代转型的内在机制与发展前景，以提升我们对古圣先贤伟大人格和思想内涵的理解以及儒学文化对个体道德修养同社会价值体系的理论和现实意义。《老子》《庄子》《易经》，在魏晋玄学时期，乃读书人"谈玄"、探索宇宙与人生、剖析名教与自然这类形而上哲学问题的三部教材。道家将引导我们品味宇宙人生的真谛，与儒家形成互补关系，如阴阳二极共同构成了中国文化的中坚与灵魂。"内用黄老，外示儒术"的哲理，成为中国人的精神向往。《坛经》乃佛学经典，也是中国传统文化密不可分的一部分，通过学习，可以明心见性、修身养心，可以转变思维，将佛学澄明高远的境界引入人生。教材在2021年改版时，为与时俱进，给学生提供更丰富的阅读内容，在每部经典后面增加扩展阅读，学生如果有兴趣，扫码就可以阅读补充的内容。

2.课程内容和特色创新

《国学原典导读》是全校性的核心通识选修课，从对整个课程的综合设计上，课题组的理念就是要将之推广到全校文化教育中去。从"实施素质教育、教会学生做人"的教育目标出发，引导学生阅读能充分体现中国传统文化精髓的经典著作，培养学生的阅读理解和思考问题的能力；充分发挥人文教育的功能，培养学生健康的精神品格和开放的思想；提高学生的国学素养，将传统文化与学生综合素质培养结合起来，其终极目的是为社会培养高素质人才。

中国传统文化底蕴深厚，先秦诸子百家争鸣，百花齐放，佛教传入中国后，最终以儒、释、道三家构成中国传统文化的核心。课题组确立的讲授原则是：立足经典本身，不按文学史的方式讲，不微观地解析字、词、句，而主要通过讲座的方式，密切联系学生的学习、生活、工作，点面结合，将中国传统文化的学习有机地贯穿起来。

本课程主要围绕中国文化的"轴心时代"，重点讲授先贤们的思想主张，以之为总绳，串起对中国传统文化的认知。教材中通俗易懂、教益深远的蒙学读物，让学生自读。讲授不必面面俱到，而是以问题方式、论题方式进行，既便于问题集中，又让学生保持兴趣点，更关注自身，关注社会，关注世界，取得了非常好的教学效果。

笔者作为该课程的负责人，制作了《国学原典导读》的课件，分享给课题组的每位任课教师，但这只是一个蓝本，任课教师可以结合自身特点，根据自己所长组织教学。本人作为课题组负责人，基本上以讲座的方式进行教学，在设计每一个专题讲座时，包括对讲座题目都用心锤炼，既要朗朗上口，便于学生记忆，又要准确到位，靶向明确，比如：

（1）半部《论语》治天下——孔子及《论语》解读

（2）冷静观照，光明澄澈——老子及《道德经》解读

（3）五经之首，大道之源——《周易》导读

（4）冷眼看世界,逍遥过人生——庄子思想的现代启示

（5）民为天下先，养我浩然气——孟子思想的现代启示

（6）志存高远，百折不挠——司马迁人生观、生死观的现代启示

（7）家是最小国，国是千万家——《朱子家训》与家风家教

在讲座的过程中，我们会有意识地设计一些深入浅出的

问题，跟现实挂钩。如：在讲老子和《道德经》的时候，我们既要从《史记》等文献史料中讲老子的生平、思想，也会从传说中讲逸闻趣事，讲儒道二家的异同，讲道家与道教的区别，引导学生阅读《道德经》原文，明白"道"的内涵。讲老子的自然无为思想，我们会引导学生懂得"道法自然"与尊重规律；讲"无为而治"与管理艺术："无为而治"提倡一种抓大放小的领导策略，"无为而治"提倡一种人性化管理，"无为而治"提倡一种自然化管理。讲老子的处世艺术的时候，给学生提供了这些思考路径："反者道之动""祸兮福所倚"的人生智慧；居卑不争、以柔克刚的竞争之道；虚怀若谷、有容乃大的立世之道；适可而止、知足常乐的生存之道；少私寡欲、清静淡泊的养生之道。总之，阅读经典就是与先贤哲人对话，学习《道德经》可以教导学生在现实社会中来以宽容之心对待他人，以理性之心对待社会，以敬重之心对待自然，以关爱之心对待生命。比如，我们讲孔子的文艺思想，会给学生讲孔子的尽善尽美观、文质彬彬观、兴观群怨说，不仅给学生讲文学作品、艺术作品需要形式与内容的二美俱，而且要对学生进行美育，提升他们的审美素养。再比如，孔子说："诗可以兴，可以观，可以群，可以怨。""兴、观、群、怨"这四个字代表的就是有情怀，可以激发一个人的情感，能共情；有观察力和判断力，"观政教得失"；有组织能力、担当精神，在群体中能把大家调动起来；有批判精神，不人云亦云，有自己独立的判断。讲《庄子》的《庖丁解牛》篇，我们会分享庖丁解牛中所蕴含的技术层面、道的层面、审美层面、养生层面的思想，并从庖丁身上引导学生学习持之以恒、深入钻研的敬业、乐业的职业操守。

为了检验效果，我们也通过感悟分享的方式从学生中得到反馈，以便做法更具有针对性，收到更理想的效果。

（二）教学方式方法的创新

国学涉及的内容古老传统，但教学方法却不能古板落后，我们也需要与时俱进，充分运用现代传媒手段，让学生对国学感兴趣，将传统文化教育推而广之，让看似深奥、远离现代大众生活的传统文化贴近现实，为创新体系的构建扩大夯实受众基础。

课题组大量收集学生反馈的信息，根据学生的合理意见和建议，从教学方式方法上进行创新。《国学原典导读》作为核心通识课之一，每年有1000人左右选修，形成了一个较大的国学受众群体。课题组全部实行多媒体教学，统一制作课件，并请多媒体制作的专业老师美化课件，使每一个细节都贯穿中国传统文化中美的教育。课程结业时，我们专门做了问卷调查，收集学生对该门课程学习的意见和建议。几年下来，问卷调查的人数大约有5000人，现在的学生已经是"00后"，他们接触网络、影视、图像读物非常普遍，从他们反馈的意见看，大部分人都希望增加视频，增强直观性，因此，我们的教学就不能故步自封、自说自话，必须听取学生的建议，在上课的内容、讨论的形式、PPT的制作、考试的方法等方面都尽量做调整，以便达到更好的教学效果。我们在教学方式方法上做了如下改进：

1.视频教学等新技术手段的使用

课题组负责人负责的《国学经典导读》曾参加中国高等教育学会大学素质教育研究分会组织的"大学生素质教育精品（优秀）通选课"评选，参评的272门课程最后有74门入选

"国家精品课程"或"精品视频公开课",《国学经典导读》入选"大学素质教育精品通选课"（A）。

2.充分利用各种平台，便于与学生更直接交流

学习通就是师生交流很好的平台，老师上传自己的讲座课件、视频，供学生自主学习。同时也上传学生的PPT，既可以让学生看到自己的学习成果，有一种认同感，又可以让学生互相交流学习，"奇文共欣赏，疑义相与析"。

3.启动录制微视频的工作

在一个高速运转的社会，人们的生活节奏都很快，相较长视频，微视频不需要一整块的时间去观看，而是茶余饭后就可自主学习。课题组准备录制多期10~15分钟的短视频，能够让老师、学生或其他学习者随时随地观看，传播中华优秀传统文化。

总之，我们充分搭配传统与现代的教学方法，站在教师的角度，思考怎样"教"才能与时代合拍、与现实需求相符，化深奥为简洁，化枯燥为趣味，雅俗共赏，让课堂丰富生动，让学生学有所得；同时，还换位思考，帮助学生克服"短、平、快"的浮躁心理，使他们懂得如何学以致用，从而学有所得。

（三）评价模式的创新

传统的教学方式都是老师讲，学生听，然后考试，方式非常单一。为实现课程教学由"教师、知识、考试中心"向"学生、能力、过程中心"转变的要求，实现任课教师关心学生每一堂课的学习效果、关注学生的自主学习能力和运用知识分析解决问题能力的培养，《国学原典导读》的过程评价成绩（即"平时成绩"）占总成绩的50%，因此平时学习就不能

流于形式，一要重视课前、课中、课后三个环节的有效衔接，积极调动学生学习的积极性和能动性；二要重视学生学习过程的督促和管理，将过程评价落到实处。因此，课题组采取了一系列能落到实处的方式方法来推动课程的学习。

三、国学育人的实践与成效

课程组经过讨论，设计了涵盖四个领域的系列活动，其内容包括：

（1）经典名言一百条：每日一抄。这种看似很古老、传统的学习方法有这样一些好处：

首先，加深理解。常言道："好记性不如烂笔头"，让学生每天抄录一条经典，学生在抄录的过程中，可以加深对经典名言的理解，并把他们内化到自己的血液中，作为自己行动的指南。

其次，加强书写。在现今电子产品普及的大环境下，文字书写得越来越少，"提笔忘字"成了常态。汉字是表意文字，也是世界上有书法艺术的一种文字，练习写字，从某种程度上，也是传承中国的书法艺术。从学生交上来的课堂笔记看，绝大部分学生对此非常重视。

再次，增强自律性。习惯是在日积月累中养成的，好习惯贵在持之以恒。我们要求学生养成读书记录的好习惯，每天抄录一条国学经典。大一学生第一学期一共13周，每天抄录一条或一段自己喜欢的国学经典语录（部分要求背诵默写），一学期下来差不多抄录一百条，因此，我们就叫"经典名言一百条"。下面选取了几张学生抄录的经典名言的照片：

（2）原典诵读四十课：每周一诵。课题组精选40个主题的阅读材料，提供给上课的老师，每个老师再根据自己的兴

趣取舍，组织学生每周诵读一次。《国学原典导读》每周有2个学时，我们每周花3-5分钟的时间，带领学生高声诵读。除了课堂上阅读以外，我们会把来不及课上阅读的内容提供给学生，供学生课下阅读，拓展阅读范围。

我们选取的阅读主题材料如下：

励志

三军可夺帅也，匹夫不可夺志也。《论语·子罕》

志不强者智不达，言不信者行不果。《墨子·修身》

燕雀安知鸿鹄之志哉！《史记·陈涉世家》

宜守不移之志，以成可大之功。苏轼《赐太师文彦博乞致仕不允断来章批答》

壮心未与年俱老，死去犹能作鬼雄。陆游《书愤》

贫不足羞，可羞是贫而无志。贱不足恶，可恶是贱而无能。陈继儒《小窗幽记·警醒》

人之气质，由于天生，本难改变，惟读书可变化气质。古之精相法，并言读书可以变换骨相。欲求变之之法，总须先立坚卓之志。曾国藩《曾文正公全集》

爱国

利于国者爱之，害于国者恶之。《晏子春秋》

常思奋不顾身，而殉国家之急。司马迁《报任少卿书》

闲居非吾志，甘心赴国忧。曹植《白马篇》

忧国忘家，捐躯济难，忠臣之志也。曹植《求自试表》

烈士之爱国也如家。葛洪《抱朴子》

忧国者不顾其身，爱民者不罔其上。林逋《省心录》

贤者不悲其身之死，而忧其国家之衰。苏洵《管仲论》

以身许国，何事不敢为？岳飞

位卑未敢忘忧国，事定犹须待阖棺。陆游《病起书怀》

人生自古谁无死，留取丹心照汗青。文天祥《过零丁洋》

先天下之忧而忧，后天下之乐而乐。范仲淹《岳阳楼记》

瞒人之事弗为，害人之心弗存，有益国家之事虽死弗避。吕坤《呻吟语》

独处而静思者非难，居广而应天下者为难。程颢、程颐《二程粹言》

为学

玉不琢，不成器；人不学，不知道。《礼记·学记》

人才虽高，不务学问，不能致圣。《说苑》

虽有嘉肴，弗食，不知其旨也；虽有至道，弗学，不知其善也。《礼记·学记》

学若牛毛，成如麟角。颜之推《颜氏家训·养生篇》

少而好学，如日出之阳；壮而好学，如日中之光；老而好学，如炳烛之明。刘向《说苑·建本》

知不足者好学，耻下问者自满。林逋《省心录》

勉时

子在川上曰：逝者如斯夫，不舍昼夜。《论语·子罕》

冬者岁之余，夜者日之余，阴雨者时之余。陈寿《三国志·魏书·王肃传》注引《魏略》

光阴可惜，譬诸逝水，当博览机要，以济功业。《颜氏家训》

莫倚儿童轻岁月，丈人曾共尔同年。窦巩《赠王氏小儿》

百年讵几时，君子不可闲。韩愈《读皇甫湜公安园池书其后》

志士惜年，贤人惜日，圣人惜时。魏源《默觚·学篇三》

自信

男儿要当死于边野，以马革裹尸还葬耳，何能卧床上在儿女子手中邪！范晔《后汉书·马援传》

天生我材必有用。李白《将进酒》

天马行空而步骤不凡。元·刘廷振《萨天锡诗集序》

人之为学，不可自小，又不可自大。顾炎武《日知录》卷七

不可自暴、自弃、自屈。陆九渊《语录下》

自信与骄傲有异；自信者常沉着，而骄傲者常浮扬。梁启超

自信者不疑人，人亦信之。自疑者不信人，人亦疑之。《史典》

自爱

夫人必自侮，然后人侮之。家必自毁，然后人毁之。国必自伐，然后人伐之。"《孟子·离娄上》

不食嗟来之食。《礼记·檀弓下》

士志于道，而耻恶衣恶食者，未足与议也。《论语·里仁》

富贵不能淫，贫贱不能移，威武不能屈。《孟子·滕文公下》

富贵不淫贫贱乐，男儿到此是豪雄。程颢《秋日》

不戚戚于贫贱，不汲汲于富贵。陶渊明《五柳先生传》

志士不忘在沟壑，勇士不忘丧其元。《孟子·滕文公下》

宁可玉碎，不能瓦全。李百药《北齐书·元景安传》

尊师

凡学之道，严师为难。师严而后道尊，道尊然后民知敬学。《礼记·学记》

三人行，必有我师焉。择其善者而从之，其不善者而改之。《论语·述而》

先生施教，弟子是则。温恭自虚，所受是极。《管子·弟子职》

国将兴，必贵师而重傅。《荀子》

经师易求，人师难得。《周书·列传·卷四十五》

无贵无贱，无长无少，道之所存，师之所存也。韩愈《师说》

圣人无常师。韩愈《师说》

读书

立身以力学为先，力学以读书为先。欧阳修

束书不观，游谈无根。苏轼《李氏山房藏书记》

开卷有得，便欣然忘食。陶渊明《与子严等疏》

欲识人之多，见事之广，而不肯读书，是犹求饱而懒营馔，欲暖而惰裁衣也。颜之推《颜氏家训·勉学第八》

工欲善其事，必先利其器。士欲宣其义，必先读其书。王符《潜夫论·赞学第一》

读书不知要领，劳而无功。张之洞《书目答问略例》

明心

学必明心，记问辨说皆余事。赵与时《宾退录》卷一：

恻隐之心，仁之端也；羞恶之心，义之端也；辞让之心，礼之端也；是非之心，智之端也。《孟子·公孙丑上》

人心贵乎光明洁净。程颐

因其良心发见之微，猛省提撕，使心不昧，则是做工夫底本领。本领既立，自然下学而上达矣。若不察于良心发见处，即渺渺茫茫，恐无下手处也。朱熹

心术不正，其为材也必劣；学问不深，其为器也必浅。胡达源

制欲

一念之欲不能制，而祸流于滔天。程颐

去山中之贼易，去心中之贼难。曾国藩

总不使吾之嗜欲，戕吾之精神。曾国藩

先学耐烦，快休使气。性燥心粗，一生不济。吕近溪

心一模糊，万事不可收拾；心一疏忽，万事不入耳目；心一执着，万事不得自然。金缨编著《格言联璧》

外事无小大，中欲无浅深。有断则生，无断则死，大丈夫以断为先。李邦献《省心杂言》

养气

吾善养浩然之气。孟子

士君子要养心气，心气一衰，天下万事分毫做不得。吕坤《呻吟语》

忧愁则气结，忿怒则气逆，恐惧则气陷，拘迫则气郁，急遽则气耗。金缨编著《格言联璧》

戒豪饮，豪饮伤神；戒贪色，贪色灭神；戒厚味，厚味昏神；戒饱食，饱食闷神；戒妄动，妄动乱神；戒多言，多言伤神；戒多忧，多忧郁神；戒多思，多思挠神；戒久睡，久睡倦神；戒久读，久读枯神。《修心古训》

怀德

有德不可敌。《左传·僖公二十八年》

君子怀德，小人怀土；君子怀刑，小人怀惠。《论语·里仁》

以德服人者，心悦而诚服也。《孟子·公孙丑上》

君子握道而治，据德而行，席仁而坐，杖义而强。《新语·道基》

天地之性，万物之类，怀德者众归之，恃刑者民畏之，归之则充其侧，畏之则去其域。《新语·至德》

贱而好德者尊，贫而有义者荣。《新语·本行》

深思

学而不思则罔，思而不学则殆。《论语·为政》

学，然后知不足；教，然后知困。《礼记·学记》

濯去旧见，以来新意。朱熹《学规类编》

如切如磋，如琢如磨。《诗经·卫风·淇奥》

学如弓弩，才如箭镞，识以领之，方能中鹄。袁枚《续诗品·尚识》

心之官则思，思则得之，不思则不得也。《孟子·告子上》

睹一事于句中，反三隅于字外。刘知几《史通·叙事》

思则睿，睿则圣。周敦颐《通书·思》

为学患无疑，疑则有进。陆九渊

明理

读书，为明理也。明理，为做人也。彭兆孙

读书须当明物理，揣事情，论事势。陆九渊

夫读书学问，本欲开心明目，利于行耳。《颜氏家训》

善学者，假人之长以补其短。《吕氏春秋·孟夏纪》

为学当从心髓入微处用力，自然笃实光辉。王阳明

新识

古人学问无遗力，少壮功夫老始成。陆游《冬夜读书示子聿》

日闻所未闻，日见所未见。吴兢《贞观政要·尊敬师傅》

日异其能，岁增其智。柳宗元《祭吕敬叔文》

读经传则根柢厚，看史鉴则事理通，观云天则眼界宽，去嗜欲则胸怀净。《格言联璧》

经一番挫折，长一番识见。容一番横逆，增一番器度。

省一分经营，多一分道义。学一分退让，讨一分便宜。增一分享用，减一分福泽。加一分体贴，知一分物情。《格言联璧》

勤奋

君子食无求饱，居无求安。《论语·学而》

民生在勤，勤则不匮。《左传·宣公十二年》

劳苦之事则争先，饶乐之事则能让。《荀子·修身》

鞠躬尽瘁，死而后已。诸葛亮《后出师表》

业精于勤而荒于嬉，行成于思而毁于随。韩愈《进学解》

忧劳可以兴国，逸豫可以亡身。欧阳修《五代史》

修炼多从苦处来。袁枚《遣兴》

久逸则筋脉皆弛，心胆亦怯。胡林翼

持恒

学而不厌，诲人不倦。《论语·述而》

学而时习之，不亦说乎？《论语·学而》

吾尝终日不食，终夜不寝，以思，无益，不如学也。《论语·卫灵公》

发愤忘食，乐以忘忧，不知老之将至。《论语·述而》

无一事之不学，无一时而不学，无一处而不学，各求其中节，此所以为难也。《朱子语类》卷六十二

学问贵细密，自修贵勇猛。陆九渊

故立志者，为学之心也；为学者，立志之事也。王阳明《悟真录》之二

凡学之不勤，必其志尚未笃也。从吾游者，不以聪慧警捷为高，而以勤确谦仰为上。王阳明《教条示龙场诸生·勤学》

省思

与人不求备，检身若不及。《尚书·伊训》

人不可以无耻。《孟子·尽心上》

人谁无过，过而能改，善莫大焉。《左传·宣公二年》

救寒莫如重裘，止谤莫如自修。陈寿《三国志·魏书·王昶传》

廉耻，士君子之大节。欧阳修《廉耻说》

不知耻者，无所不为。欧阳修《魏公卿上尊号表》

教人易，治己难；出口易，躬行难；奋始易，克终难。《格言联璧》

责人者，原无过于有过之中，则情平；责己者，求有过于无过之内，则德进。《菜根谭》

迁善

见善则迁，有过则改。《周易·益》

从善如流。《左传·成公八年》

从善如登，从恶如崩。《国语·周语》

见善如不及，见不善如探汤。《论语·季氏》

名声之善恶存乎人。韩愈《与卫中行书》

嫉恶如仇雠，见善若饥渴。韩愈《举张正甫自代状》

激浊扬清，嫉恶好善。吴兢《贞观政要·任贤》

善恶之殊，如火与水不能相容。欧阳修《祭丁学士文》

人之为善，百善而不足；人之为不善，一不善而足。杨万里《庸言》

改过

君子之过也，如日月之蚀焉。过也，人皆见之；更也，人皆仰之。《论语·子张》

不迁怒，不贰过。《论语·雍也》

过而不改，是谓过矣。《论语·卫灵公》

过则勿惮改。《论语·学而》

忙处事为，常向闲中先检点，过举自稀。动时念想，预从静里密操持，非心自息。《菜根谭》

品行

行高人自重，不必其貌之高；才高人自服，不必其言之高。袁采《袁氏世范》卷二

人品须从小作起，权宜苟且诡随之意多，则一生人品坏矣。吴麟徵《家诫要言》

教家立范，品行为先。孙奇逢《孝友堂家规》

贫莫贫于不闻道，贱莫贱于不知耻。李西沤《药言剩稿》

磊落

仰不愧于天，俯不怍于人。孟子

存心光明正大，言论光明正大，行事光明正大，乃为君子。陶觉

人非善不交，物非善不取；亲贤如就芝兰，避恶如畏蛇蝎。宋·刘清之《戒子通录》

勿毁众人之名，以成一己之善；勿役天下之理，以护一己之短。魏叔子

大抵胸中抑郁，怨天尤人，不特不可以涉世，亦非所以养德；不特无以养德，亦非所以保身。曾国藩

乐天

不知命，无以为君子也；不知礼，无以为立也；不知言，无以知人也。孔子

一箪食，一瓢饮，在陋巷，人不堪其忧，回也不改其乐。孔子

持而盈之，不如其已；揣而锐之，不可长保。金玉满堂，莫之能守。富贵而骄，自遗其咎。功遂身退，天之道也。《老子》

无贵贱不悲，无富贫亦足。杜甫

丈夫之高华，只在于道德气节。鄙夫之炫耀，但求诸服饰起居。《格言联璧》

奢者富不足，俭者贫有余。奢者心常贫，贫者心常富。《慎子》外篇

涵咏

读书本意在元元。陆游

外物之味，久则可厌；读书之味，愈久愈深。程颐

以身体之，以心验之，从容默会于幽闲静一之中，超然自得于书言象意之表。杨龟山

为学读书，须是耐烦细心去体会，切不可粗心。朱熹《学规类编》

虚心涵泳，切己体察。朱子教人读书之法，此二语最为精当。曾国藩《咸丰八年八月初三字谕纪泽》

汝辈读书，勿专守著词语，须逆其志于词之内，会其神于词之外，庶有益耳。袁衷《庭帏杂录》

读书须虚心定气，缓声以诵之以密其意。薛敬轩《读书录》

谨慎

立身且须谨重，文章且须放荡。萧纲《诫当阳公大心书》

杜渐防微，慎之在始。《晋书·王敦传》

惟日孜孜，无敢逸豫。《尚书·君陈》

慎终如始，则无败事。《老子》

祸兮福之所倚，福兮祸之所伏。《老子》

祸莫大于不知足，咎莫大于欲得。《老子》

得志有喜，不可不戒。董仲舒《春秋繁露·竹林》

修身洁行，言必由绳墨。王安石《命解》

君子出处不违道而无愧。欧阳修《与颜直讲》

大度

乐以天下，忧以天下。《孟子·梁惠王下》

贵人而贱己，先人而后己。《礼记·坊记》

先天下之忧而忧，后天下之乐而乐。范仲淹《岳阳楼记》

位卑未敢忘忧国。陆游《病起书怀》

风声、雨声、读书声、声声入耳；家事、国事、天下事、事事关心。顾宪成题东林书院联

天下之事成于大度之君子，而败于私智之小人。方孝孺《郑灵公》之一

大勇

喜怒哀乐，不入于胸次。《庄子》

有凤凰翔于千仞之气象，则不为区区小利害所动。程颐

彼之理是，我之理非，我让之；彼之理非，我之理是，我容之。《史典》

区区与人较是非，其量与所较之人相去几何？吕坤

天下有大勇者，猝然临之而不惊，无故加之而不怒。苏轼

觉人之诈，不形于言，受人之侮，不动于色，此中有无穷意味，亦有无穷受用。《菜根谭》

诚实

德不孤，必有邻。《论语·里仁》

人而无信，不知其可也。《论语·为政》

内不以自诬，外不以自欺。《荀子》

巧伪，不如拙诚。《说苑》

至诚则金石为开。刘歆《西京杂记》卷五

唯天下至诚，为能经纶天下之大经，立天下之大本，知天地之化育。《礼记·中庸》

修身处世，一诚之外更无余事。朱之瑜《诚诚二首》

隐忍

必有忍，其乃有济。《尚书·君陈》

江海所以能为百谷王者，以其善下之。《老子》六十六章

小不忍，则乱大谋。《论语·卫灵公》

先国家之急而后私仇也。《史记·廉颇蔺相如列传》

故天将降大任于是人也，必先苦其心志，劳其筋骨，饿其体肤，空乏其身，行拂乱其所为，所以动心忍性，增益其所不能。《孟子·告子下》

莫大之祸，起于须臾之不忍，不可不谨。《围炉夜话》

守正

不以穷变节，不以贱移志。《盐铁论》

君子可贵可贱，可刑可杀，而不可使为乱。《盐铁论》

穷不易操，达不患失。林逋

有百折不挠，临大节而不可夺之风。蔡邕

君子不为小人之汹汹而易其行。《汉书》

穷厄时极能见人。凡有气节不萎靡者，到底必有成就，愈穷愈有节概，方是男子。《彭氏家训》

谦和

满招损，谦受益。《尚书·大禹谟》

谦虚其心，宏大其量，去人我之见，绝意必之私。王阳明

敬以持己，谦以接人，可以寡过矣。薛敬轩

有其善，丧厥善；矜其能，丧其功。《尚书》

上士无争，下士好争。《老子》

江海所以能为百谷王者，以其善下之。《老子》

不与居积人争富，不与进取人争贵，不与矜饰人争名，不与少年人争英俊，不与盛气人争是非。《格言联璧》

人之谤我也，与其能辨，不如能容；人之侮我也，与其能防，不如能化。《格言联璧》

不讦

厚者不毁人以自益也。《战国策》

我不欲人之加诸我也，吾亦欲无加诸人。《论语》

事系幽隐，要思回护他，着不得一点攻讦的念头；人属寒微，要思矜礼他，着不得一毫傲睨的气象。毋以小嫌而疏至戚，勿以新怨而忘旧恩。《小窗幽记》

祸莫大于纵己之欲，恶莫大于言人之非。蔡虚斋

将欲论人短长，先思自己何如。贾石葵

若人正当盛气，若遽阻他，反不投机，是增人之过也；待气平时，方缓与说，尚可冀改。《澹园醒语》

人有过失，或素相亲厚，欲其改悟，只宜于僻静处，面与其人委曲言之；出我之口，入彼之耳，方是相爱相成之意。胡师苏

亲戚故旧人情厚密之时，不可以私密之事语之，恐一旦失数，则前日所言，皆他人所凭以为攻讦之资。至于失欢之时，不可以切实之语加之，恐忿气既平之后，或与之通好结亲，则前言可愧。大抵与人忿怒之际，最不可指其隐讳之事，揭其闺门之丑，暴其祖父之恶，此祸关杀身，非止伤长厚也。司马光

察言

惟善人能受善言。《国语》

子路，人告之以有过则喜。禹，闻善言则拜。孟子

良药苦口利于病，忠言逆耳利于行。孔子家语

无稽之言勿听。《尚书》

经目之事，犹恐未真。背后之言，岂足深信。《水浒传》

有以名利之说来者，勿问大小，悉宜应以淡心；有以是非之说来者，勿问彼此，悉宜处以平心；有以学问之说来者，勿问合否，悉宜承以虚心。吕新吾

凡事只看其理如何，不要看其人是谁。陆九渊《语录》

虚静

致虚极，守静笃。物并作，吾以观复，夫物芸芸，各复其根，归根曰静。《老子》

夫虚静恬淡。寂寞无为者万物之本也。《庄子》

言以虚静，推于天地，通于万物，此之谓天乐。天乐者，圣人之心，以畜天下也。《庄子》

明察

作大事人，要三资具备：曰识，曰才，曰力。魏禧《日录里言》

做第一等人，干第一等事，说第一等话，抱第一等识。吕坤《呻吟语》

愚者暗于成事，智者见于未萌。商鞅

有道之士，贵以近知远，以今知古，以所见知所不见。《吕氏春秋·察今》

目察秋毫之末者，视不能见泰山；耳听清浊之调者，不闻雷霆之声。刘向《说苑·杂言》

明者远见于未萌，而智者避危于无形；祸固多藏于隐微，而发于人之所忽者也。司马相如

洞识

高之见下，如登高望远，无不尽见；下之视高，如在墙外，欲窥墙里。袁采《袁氏世范》卷二

胸中有一个见识，则不惑于纷杂之说；有一段道理，则不挠于鄙俗之见。吕坤《呻吟语》

将事而能弭，当事而能救，既事而能挽，此之谓达权，此之谓才；事而知其来，始事而要其终，定事而知其变，此之谓长虑，此之谓识。《格言联璧》

见世所誉而趋之，见世所毁而避之，只是识不定；闻誉我而喜，闻毁我而怒，只是量不广。吕坤《呻吟语》

见前面之千里，不若见背后之一寸。故达观非难，而反观为难。见见非难，而见不见为难。吕坤《呻吟语》

闲适

静坐观众妙。李白

端居味天和。朱熹

闲居草木侍，宴坐古今趋。张说《闻雨》

身安茅屋稳，性定菜根香。《明心宝鉴》

身适忘四肢，心适忘是非；既适又忘适；不知吾是谁。白居易

无事此静坐，一日是两日，若活七十年，便是百四十。苏东坡

昼闲人寂，听数声鸟语悠扬，不觉耳根尽彻；夜静天高，看一片云光舒卷，顿令眼界俱空。《菜根谭》

心地上无波涛，随在皆风恬浪静。性天中有化育，触处

见鱼跃鸢飞。《菜根谭》

中堂读倦，游后园归，丝桐三弄，心地悠然，日明风静，天壤之间，不知复有何乐。吴康斋

达观

近来每苦心绪郁闷，毫无生机，因思寻乐，约有三端：勤劳而后憩息，一乐也；至淡以消忮心，二乐也；读书声出金石，三乐也。曾国藩

凡遇不得意事，试取其更甚者譬之，心坎自然凉爽，此降火最速之剂。如将啼饥者比，则得饱自乐；将号寒者比，则得暖自乐；将劳役者比，则优闲自乐；将疾病者比，则康健自乐；将祸患者比，则平安自乐；将死亡者比，则生存自乐。古人云："比上不足，比下有余。"又云："稍有不如意，常将死来譬。"是自在法门也。邵雍

天薄我福，吾厚吾德以迓之；天劳我形，吾逸吾心以补之；天阨我遇，吾亨吾道以通之。《小窗幽记》

聪明睿知，守之以愚；功被天下，守之以让；勇力振世，守之以怯；道德隆重，守之以谦。《太平御览·文部·卷六》

简约

静以修身，俭以养德。诸葛亮《诫子书》

饭疏食饮水，曲肱而枕之，乐亦在其中矣。《论语·述而》

一箪食，一瓢饮，在陋巷，人不堪其忧，回也不改其乐。《论语·雍也》

俭，德之共也；侈，恶之大也。《左传·庄公二十四年》

奢者富不足，俭者贫有余；奢者心常贫，俭者心常富。《慎子》外篇

不勤不俭，无以为人上也。王通《文中子·关朗》

历览前贤国与家，成由勤俭败由奢。李商隐《咏史》

一粥一饭，当思来处不易；半丝半缕，恒念物力维艰。明·朱柏庐《治家格言》

3.国学感悟一小时：时时分享。要求学生至少做一次国学感悟分享，可以手写，也可以即时性地在学习通上分享。分享的内容可以是一本书，也可以是某句话。作为作业要求，每个同学都必须做，但由于时间的关系，没办法让每个同学上来讲，于是就让他们先交到老师处，老师在里面选择文笔好，体会深刻，有教育意义，有特色的在全班分享。下面选取了学生所做的国学分享和课堂笔记的几张照片：

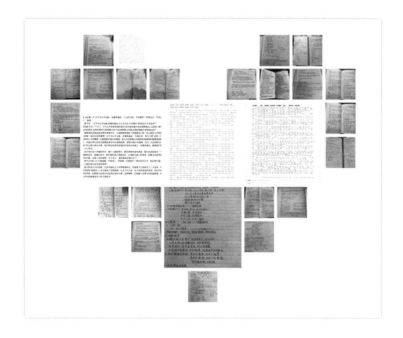

泰伯，孔子称他为"至德"，司马迁在《史记》里把他列为"世家"第一，他的事迹被历代史学家载入史册。他因让位，偕弟仲雍，避居江南，在梅里（今梅村一带）建"勾吴"国，筑"泰伯城"，成为吴文化的发源地。

余光中曾评价李白"酒放豪肠，七分酿月光，三分啸剑气，绣口一吐，就是半个盛唐。

据历史记载，李白除了爱写诗喝酒，还真就是一个顶级的剑客。

· 在《新唐书·文苑传》提到李白"喜纵横术，击剑，为任侠"。

· 在《与韩荆州书》中，李白曾自我介绍道"白陇西布衣，流落楚汉。十五好剑术，遍干诸侯；三十成文章，历抵卿相。"

· 《史记·吴太伯世家》记载："吴太伯，太伯弟仲雍皆周太王之子，而王季历之兄出。季历贤，而

滚滚长江东逝水

东逝水，浪花淘尽英雄
转头空，青山依旧在
红，白发渔樵江渚上
春风，一壶浊酒喜相逢
事，都付笑谈中
喜相逢，古今多少事中

桃园三结义

事物的两面性

比如老子提出的"祸兮福所倚，福兮祸所伏"。

天下皆知美之为美，斯恶已。皆知善之为善，斯不善已。有无相生，难易相成，长短相较，高下相倾，音声相和，前后相随，恒也。是以圣人处无为之事，行不言之教。万物作焉而不辞，生而不有，为而不恃，功成而弗居。夫唯弗居，是以不去。
——《道德经》第二章

三十辐共一毂，当其无，有车之用。埏埴以为器，当其无，有器之用。凿户牖以为室，当其无，有室之用。故有之以为利，无之以为用。
——《道德经》第十一章

阐述了"有"和"无"的关系是相互依存、相互为用的。

4.课程论文三千言：言之有物，不拘格套。课程论文作为期末考试的成绩依据。对于课程论文的撰写，我们既有要求，

又没有定规。学生可以任意选择一部学过的国学经典著作，也可以是老师没讲过但自己感兴趣的国学经典著作，或者选择国学领域的某一个问题，写一篇有自己独到见解的论说文章。但对课程论文的撰写，我们也提出了写作要求：①观点鲜明，思路清晰，言之有物；②层次分明，语言流畅，言必己出；③字数3000字左右。

大学正是大学生身心成长的关键期，就像禾苗，既要扎根于脚下厚重的土地，又要接受头上阳光雨露的滋润，一切营养的、新奇的、新鲜的东西，都对他们有天然的吸引力，《国学原典导读》的课程内容是"古"字号的，作为老师，我们不能把这门课讲得佶屈聱牙，僵化古板，而是既厚重又新颖，用学生自己的话说："老师，我们觉得上您的课，很有营养。"让学生在课堂上眼睛有光，这才是我们的期许，也是需要认真思考，怎么进行创新构建的问题。

总之，为了全面提升学生人才培养的质量，我们应当乘党中央关于深化文化体制改革、推动社会主义文化大发展大繁荣的时代东风，率先行动起来，在大学生培养模式的制定中，着力加强自然科学与人文科学的有机结合，改变过去偏重技能教育和功利教育的传统模式，充分发挥传统文化教育在人才培养中的通识教育和人格教育的引领作用，从而推动大学生的整体素质和综合实力有一个跨越式的飞升。已故的著名文化学者南怀瑾先生倾心于中国博大精深的传统文化，他认为人生的最高境界是"佛为心，道为骨，儒为表，大度看世界；技在手，能在身，思在脑，从容过生活"[1]，是为传统文化教育追求的理想目标。

① 康清莲：《国学经典导读》，北京：高等教育出版社2014，第1页。

02

第二章

理想人格

课程指向培育

一、第一课堂以"文化育人"为向导

（一）中国传统文化讲授的全覆盖

在信息技术日益发展、传播途径日趋多样的形势下，如何高效率地推进传统文化进入校园、走进课堂、贴近学生，以适应新时期教育工作的发展需要，满足学生汲取中华传统文化中精华营养的迫切需求，是每一个教育工作者都需要用心考虑的问题。中华民族的伟大复兴，一个重要的层面就是文化复兴。

学校教育，是向学生弘扬优秀传统文化的主阵地，也是培育文化复兴预备军的培养皿。基于此，四川外国语大学在全校范围内开设《中国传统文化》课程，作为全校公共必修课。《中国传统文化》是各大高校普遍开设的课程，此课程具有悠久的历史。大约在20世纪30年代国内各院校就已经开始针对大一学生开设这门课，当时统一称为"大一国文"。迄今为止，《中国传统文化》已经走过八十年的历史。这门传统课程，旨在提高本科学生的文化修养，这在当下依然具有现实意义。

《中国传统文化》的泛泛授课模式已经不适应现在的高校教学，当下，各大院校都在谋求《中国传统文化》的发展出路。四川外国语大学教务处组织中文学院教师进行教材编写，一方面希望本校教师根据学生的基础能力，编写符合院校自身实际情况的《中国传统文化》；另一方面在《中国传统文化》成为全校所有专业必修课的当下，也期望能够集众人智慧，将《中国传统文化》课程变为特色课程。同时，《中国传统文化》作为公共必修课，它应该与《大学英语》等课程具有平等的地位。然而，现实情况却是《中国传统文化》的授课情况远不及《大学英语》。师资力量、课程规范、社会认可度、学生到课率等都不甚理想，《中国传统文化》课程的改革势在必行。而教材是改革的首要突破点，根据院校实际情况，将特色和实用结合起来，编写优质的《中国传统文化》读本，《中国传统文化十六讲》应运而生。

值得一提的是，四川外国语大学《中国传统文化》授课教师具有年轻化、高学历化的特点。传统文化的高等教育是学生走入社会前进行文化教育的最后一环，也是最重要的一环。川外教师的年轻化可以将最新的思想带入课堂，教师的高学历化能够拓宽学生的学术视野。川外《中国传统文化》的改革，其趋势是将中国传统文化和现实生活巧妙地融合在一起。教师，作为学生面向文化、接受文化、使用文化的领路人，一方面固然是要熟识传统文化，另一方面要用社会主义核心价值观来引领传统文化在学校中的教育。社会主义核心价值观不仅体现了对中国传统文化中"仁义礼智信"内容的继承，又体现了对现代人类文明中"民主与科学"精神的认同，是一个通古鉴今、兼顾中外、泽被大众的理论系统。

在川外，《中国传统文化》授课方式发生了转变。教师作为授课主体，拥有足够的自主权。在现代的教育教学中，如何联系社会主义核心价值观，如何系统性、科学性地将中国传统文化引入到课堂教学之中，是教师必须关注和学习的，也是必须推进的重要工作。《中国传统文化》的讲授采取集中备课、专题授课、"内外课堂"、灵活考查等分专业、分层次的方式。这一趋势促使川外《中国传统文化》的课堂丰富精彩，不再以满堂灌的方式授课，学生的学习积极性有了很大的提高。

在川外，中文学院的老师开始对《中国传统文化》这门课的价值展开研究。以古代文学教师为主体的科研人员对《中国传统文化》的教育教学改革进行探索，在《高等教育研究》上发表论文数篇。《中国传统文化》采取的是专题授课的方式，专题与专题之间相互关联，形成联系网。也就是说，每一个专题都不是孤立存在的。从部分来看，又以一个专题引领数篇甚至数十篇文章，从文学常识到理论深度，由小到大，由点及面，力求立体呈现传统文化概况。其实际意义就是在专题授课中，体现出文化的特色，让学生在兴趣中学习中国传统文化。针对外国语大学各专业学生情况，采取由浅入深的教学方式，有利于不同层次、不同专业的学生依据自身特点进行学习。

此外，古与今、中与洋之间的关系开始复杂化，在新兴科技手段的冲击下产生了洋进中退、厚今薄古的不良风气。因此，广大学校首先必须要加强中国传统文化教育，并引导其与坚持社会主义核心价值观相结合，将社会主义核心价值观与传承中华优秀传统文化及追求现代文明的和谐演进紧密地结合起来，向学生传递正确的思想观念。坚持古为今用、洋为中用，在学习、借鉴和吸收的基础上推陈出新。传统文化中有精华，也有糟粕，有符合现代社会要求的内容，也有悖于时代精神的内容。教师的作用就是在充分学习的基础上对中国传统文化加以甄别、去芜存菁，注重传统文化的价值发掘与当代转换，实现传统文化的创新性发展，使之与现实文明相融相通，与新型课堂相辅相成，达到以传统文化教育人，以传统文化学做人的教学要求。川外传统文化教育，促进了学生家国情怀的形成和民族自信的树立。

中国传统文化蔚为大观，博大精深，它涵盖了文学、历史、哲学、经济、政治、军事、管理、科学、艺术等各个主要学科领域。现略举几个方面如下：

（1）哲学及思想：综观中华民族文明史，各个朝代都创造了灿烂的思想文化。比如，春秋战国是中国历史上各诸侯互相讨伐的动荡时期，这一时期产生的学术文化也造就了中国思想史上最活跃的时期，出现了"百家争鸣"的现象。后来到了两汉、魏晋、隋唐、宋明、清时期又出现了各类经学、玄学、佛学、理学、朴学等。

（2）宗教文化：儒、释、道三教是中国传统文化的核心。儒教不同于儒家，其通过宗庙和祠堂祭祀，以及文庙、武庙的供奉得以延续，并通过君主的教化获得正统思想的地位。此外还有其他各种中国本土及各地地方性信仰。比如，关公信仰、妈祖信仰、三山国王信仰、以岳王崇拜为代表的忠烈信仰等。祭祀祖先轩辕黄帝、祭孔都是代表性的具有信仰色彩的活动。佛教最早传入中国大约是西汉时期，已经成为中国传统文化的重要组成部分。中国佛教史上，有天台宗、三论宗、禅宗、华严宗、净土宗、唯识宗、律宗和密宗。佛教自从汉代传入中国后，在不断和汉文化交流中融合为汉文化的一部分，被称为汉传佛教，而在藏区有藏传佛教。道教是中国本土巫教借鉴佛教、玄学产生的宗教形式，以长生不老之道作为最高信仰。早期的道教经典大量抄袭、模仿佛经语句和思想，成为学界的共识。轮回转世、因果报应等关键性的宗教观念在南北朝时期已成为道教的有机组成部分。道性论、三宝说、法身说在南北朝时受佛教的刺激而产生并在南北朝末期得以形成。总体来说，道教吸收佛教思想并独立推衍、发展教义在唐代初期就已经基本完成了。宗教哲学就囊括了儒、道、释、周易、阴阳、五行、八卦、占卜、风水、面相等。

（3）服饰文化：从三皇五帝到明代的千年岁月中代表了中华文明的主体服饰叫汉服，明朝末年清兵进入关内后，通过剃发易服的方式强制汉族人身穿满族服饰，使得华夏衣冠一度中断。当前很多年轻人开始时兴穿汉服，这也说明这种复兴汉服的活动成为弘扬中华传统文化的具体方式之一。

（4）汉字文化：包括汉语言文字及语言两部分内容。汉字不仅在中国地区存在，也被日本等汉文化圈国家使用，是传承中华传统文化的主要载体。汉字是在图形符号的简化过程中形成的。山东省泰安市发现的"大汶口陶符"距今约6000年，是汉字诞生的雏形，比殷墟甲骨文要早2000多年。商朝殷墟出土的动物甲骨上的甲骨文为迄今发现的最早的成熟汉字。先秦的文字其实并不统一。春秋战国时期各国都不同程度地将汉字发展分化，到秦朝改大篆为小篆。小篆在发展过程中，不断有新的形声会意字出现，让文字记载更为准确精密。小篆笔画以曲线为主，后来逐步变得直线特征较多、更容易书写。到汉代，隶书取代小篆成为主要书体。隶书的出现是汉字的一大进步，奠定了现代汉字字形结构的基础，成为古今文字的分水岭。人们书写方式有隶书、楷书、行书等。汉语包括标准国语和各地的方言体系，比如有湘语、粤语、赣语、客家话、闽南话等；其实在历史上类似汉字的书写体系还有契丹文、西夏文、女真文、方块壮字、古白文、古苗文、古羌文、水书、和旧韩文等。

（5）文学与文化：中国文学涵盖了神话、寓言、唐诗、宋词、元曲、明清小说、现代诗文等丰富内容。到了宋、明两个朝代，中国古代文学发展到最高峰，有对东汉云台二十八将、唐朝凌烟阁二十四功臣历史的文学演绎；在明代，出现了大量影射和讽喻社会及政治现实的小说，比如，"三言二拍"；也有不少作品专注于爱情的描写。传统文学主要是指诗、词、曲、赋，例如大家熟悉的《诗经》《楚辞》，还有经久不衰的四大名著《西游记》《红楼梦》《三国演义》《水浒传》，以及《聊斋志异》等其他众多的传世经典。

京剧大师　程砚秋

（6）音乐、舞蹈、戏曲、手工艺。音乐有民族音乐、中国戏曲、传统民歌等。中国传统乐器有笛子、二胡、古筝、箫笛、鼓、古琴、琵琶等。戏曲有京剧、豫剧、越剧、昆曲、汉调、徽剧、粤剧（广东戏）、潮剧（潮州戏）、评剧、淮剧、黄梅戏、吉剧、吕剧等。手工艺有青铜器、漆器、陶器、瓷器、玉器、刺绣、剪纸等。戏曲指以语言、动作、舞蹈、音乐、木偶等形式达到叙事目的的舞台表演艺术的总称。文学上的戏剧概念是指为戏剧表演所创作的脚本，即剧本。戏剧的表演形式多种多样，常见的包括话剧、歌剧、舞剧、音乐剧、木偶戏、皮影戏等。戏剧是由演员扮演角色在舞台上当众表演故事的一种综合艺术。

皮影戏（Shadow Puppets），又称"影子戏"或"灯影戏"，

是一种以兽皮或纸板做成的人物剪影以表演故事的民间戏剧。表演时，艺人们在白色幕布后面，一边操纵影人，一边用当地流行的曲调讲述故事，同时配以打击乐器和弦乐，有浓厚的乡土气息。

评剧流传于中国北方，是汉族传统戏曲剧种之一，是广大人民喜闻乐见的剧种之一，位列中国五大戏曲剧种。曾有观点认为是中国第二大剧种。

清末时期在河北滦县一带的小曲"对口莲花落"的基础上形成。先是在河北农村流行，后进入唐山，称"唐山落子"。

吴道子《八十七神仙卷》局部

国画一词起源于汉代，主要指的是画在绢、宣纸、帛上并加以装裱的卷轴画。国画是中国的传统绘画形式，是用毛笔蘸水、墨、彩作画于绢或纸上。工具和材料有毛笔、墨、国画颜料、宣纸、绢等，题材可分人物、山水、花鸟等，技法可分具象和写意。

书法是中国及深受中国文化影响过的周边国家和地区特有的一种文字美的艺术表现形式。包括汉字书法、蒙古文书法、阿拉伯书法和英文书法等。其中"中国书法"是中国汉字特有的一种传统艺术。

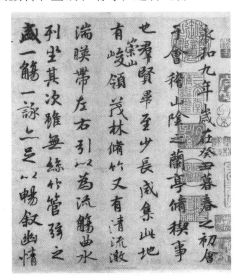

王羲之《兰亭序》局部

（二）中国传统文化实践的丰富性

以四川外国语大学为例，对学生的传统文化教育，还注重充分挖掘地域特色文化资源。三千多年来，重庆处处留下中国传统文化的印痕。渝鄂交界处，有屈原、王昭君的故里；涪陵周易园，是程朱理学的发祥地；大足石刻，汇集了中国唐、宋时期石窟艺术的大量珍品；合川钓鱼城，保存着南宋军民抗击蒙哥军队入侵的古战场遗址。历代诗人如李白、杜甫、刘禹锡、苏轼、陆游、郭沫若等，都在这里写有许多脍炙人口的名篇佳句。巴渝人千百年来形成的春节拜年、十五观灯、清明祭祖、中秋赏月以及悬酒幌、赶庙会、坐花轿、放风筝等民风民俗，涵盖婚丧嫁娶、文娱游戏、鬼神观念、崇拜禁忌、岁时节令、工商交易等各个范畴，与中国其他地区比较，无不大同小异。这些地域文化与《中国传统文化》教材十六讲的内容相得益彰。因此，充分开展地域文化资源的体验课、兴趣课等课程，打造巴渝文化教育品牌，不断创新和丰富传统文化教育的内容、形式和手段，在现今的教学中不但很有必要，而且亟须开展。在此方面，川外开展了传统文化进校园实践活动的各类尝试。以下列举一些传承中华传统文化实践活动的典型案例。

1. 人间四月芳菲尽，山寺桃花始盛开

从中国传统文化出发，中文学院每年选取一个妙趣横生的主题，开展展示传统文化的主题庙会活动。以"琪花澹荡"庙会为例，本次庙会以鲜花为主题，同学们用十二个摊位，以丰富多彩的形式展示了梅花、兰花、桃花、蔷薇花、鸢尾花、荷花、栀子花、梨花、桂花、芙蓉花、水仙花、蜡梅花等各色花类。"恰如飞鸟倦知还，澹荡梨花深院。"本次庙会活动"百花争艳",吸引了不少师生驻足观看和参与,在校园营造出浓厚的中国传统文化氛围。

"疏影横斜水清浅,暗香浮动月黄昏。"梅花是中国十大名花之首,与兰花、竹子、菊花一起列为四君子,与松、竹并称为"岁寒三友"。在中国传统文化中,梅以它的高洁、坚强、谦虚的品格,给人以立志奋发的激励。以正月梅花为主题开设的"疏影阁"摊位,还展开了制作花环的小游戏。同学们积极参与,制作了许多精美别致的花环,给庙会增添了一道多彩的风景线。

2. 愿我如星君如月,夜夜流光相皎洁

川外是西南地区传承语言文化的重要阵地,每年中文学院均会举办"成语英雄"大赛。成语大会提供了一种推广和弘扬中国传统文化的新形式。成语承载的人文内涵非常丰富和厚重,大量成语出自中国的传统经典著作,是非常值得推广的。此次以"星""月"为主题的"成语英雄"大赛的举办,让广大学生开始关注成语这项中华民族的重要瑰宝,让成语能在高校普及起来。成语虽古却熠熠生辉,流传至今。言简意赅但却饱含诗意的"成语",不会也不能埋没在历史潮流中。传承和发扬"成语"这一优秀传统文化,川外一直在努力。"成语英雄"大赛的举办,更好地传承和弘扬了中华文化，使大家更加了解成语，热爱成语。

"成语英雄"大赛第一轮：看字说成语

"看字说成语"着重考察学生的成语量及熟练运用成语的能力。

"成语英雄"大赛第二轮：成语九宫格

第二轮不仅是对选手们的成语积累量的考验，还是对队友间默契度的考验。

"成语英雄"大赛第三轮：成语竞赛抢答

这一轮不仅要积累足，还要速度快。

3. 镂金作胜传荆俗，翦彩为人起晋风

中文学院每年举办剪纸活动，并邀请非遗传承人江仲隆老师作为指导老师，向同学们传授剪纸技艺。参与的主要成员来自中文学院教改班，也是川外教学改革的新成果。教改班的课程以汉语国际教育必修课为基础，加以中华才艺、太极拳等具有中华特色的课程，为以后的出国实习教学做准备。除此之外，学院王琥老师开设的创新创业导论课，也是教改班的一大特色。这门课程以大学生创新创业比赛为基础，为同学们在参加比赛和创业上提供基础训练，使同学们能较早地接触到创新创业方面的相关知识，对教改班同学的综合素质培养有很大的帮助。2017届教改班学生是川外"基于CDIO教育理念的汉语国际教育教改实验班"的第一届学生，除了学习基础的文化知识外，还要学习古琴、象棋、书法、绘画、剪纸等艺术。剪纸活动也是川外以实际行动传承中华传统文化的缩影。

事实上，剪纸艺术展示了川外学生学习剪纸技艺几个月来的成果。同学们欣赏着自己或他人的作品，还会不时感叹"这是我剪出来的吗？"路过的同学们也都不自觉地被吸引，驻足观看，拍照记录。有同学指着一幅两只老鼠围着一个葫芦，葫芦里面有两个孩子的图案的剪纸，表示很疑惑时，一旁的江仲隆老师立即上前解释道："这幅作品叫做人类的起源，讲的是《牡帕密帕》。拉祜族传说，天神厄莎培植一个育人的葫芦，人在葫芦中长成却无法出来，长嘴雀来啄无功而归，老鼠咬了三天三夜，咬破一个洞，迎出了扎笛、娜笛兄妹。"江老师还补充道："在剪纸课上，我不但要教同学们如何使用剪刀、刻刀等工具剪纸，更要教他们如何把灵感转为

自己的作品。世间的蝴蝶有一万多种，每一种都有自己的特色。我们看到一只蝴蝶，就可以立马剪出来，原因就是蝴蝶都是有'形'的。蝴蝶算什么形？那就是长方形。长方形切掉两

个角，就是蝴蝶的翅膀了。千变万化的图案，都有个基本形"。通过学习和实践，同学们对剪纸更加喜爱。

4. 自天衔瑞图，飞下十二楼

胜日寻芳，感受经典魅力。中文学院与四川外国语大学非物质文化遗产基地共同主办了"胜日寻芳"庙会。此次庙会以中国传统节日为主题，以丰富多彩的形式展现了元宵节、清明节、端午节、七夕节、中秋节、重阳节、寒食节、上巳节、除夕、春节的独特魅力。同时，四川外国语大学非遗基地通过面塑这一手工技艺将我国优秀的非物质文化遗产展示在大家面前，吸引了众多老师、同学及留学生的目光。

"千门开锁万灯明，正月中旬动地京"。以元宵节为主题的"商灯"摊位，以猜灯谜的方式带同学们更多地体验元宵节的魅力。农历正月十五元宵节，又称为"上元节"，是中国汉族和部分兄弟民族的传统节日之一。而吃元宵、赏花灯、猜灯谜是重要的元宵节民间习俗。在古代，人们便有在元宵节分曹射覆，引笑为乐的传统。

"佳节清明桃李笑，绢舞鸢飞东风摇"。"帛鸢阁"以中国传统节日清明节为背景，结合清明节传统风俗，开展特色手工绘画活动。参与者通过绘制手绢、自制风筝并设计绘画风筝图案、放风筝等活动，寄予对逝者的牵挂怀念、对生活的美好愿望，在

感受传统节日文化的同时，体验手工绘画的乐趣。

"菖蒲酒美清尊共""五色新丝缠角粽"。以端午节为主题的"暗香佩"摊位，主要有做香包和包粽子两个活动。香包，古代称"香囊"，亦称"容臭""荷包"。端午节佩香囊，不但有避邪驱瘟之意，而且有襟头点缀之风。粽子是汉族人民过端午节的节日食品，古称"角黍""筒粽"，由粽叶包裹糯米蒸制而成。千百年来每年农历五月初五，中国百姓家家都要浸糯米、洗粽叶、包粽子。借用端午节佩戴香囊吉祥如意的寓意，希望佩戴香囊的人健康平安；通过包粽子体验摊位，让同学们在学习的同时体会端午节的传统寓意。

"家家乞巧望秋月，穿尽红丝几万条"。为了让当代大学生更多地弘扬中华优秀传统文化，也为了让国际友人更好地了解中国，以七夕节为主题的摊位"千千结"，引导同学们感知中华传统文明的魅力，努力寻求中国传统文化的当代价值，让同学们做一个有内涵的大学生。

　　"但愿人长久，千里共婵娟"。中国古典诗词浩如烟海，颇多经典，其词句常意境深远、脍炙人口。尤其关于中秋的佳句更是饱含深情。以中秋节为背景特设"飞花令"活动摊位，让同学们玩一玩关于中秋诗词的接龙游戏，亦或是读一读充满趣味的绕口令，温习祖先留给我们的精美遗产。

　　"独在异乡为异客，每逢佳节倍思亲"。重阳节为每年的农历九月初九，有赏秋、登高、饮菊花酒、佩茱萸、赏菊等习俗。"投桃报李"摊位以重阳节为背景进行套圈游戏。套圈，是我国的传统游戏，意在希望大家能丢掉霉运。参与者只需手持特定圆圈，站在指定的位置扔出套圈，套中特定的物品即可免费获得。

　　"春城无处不飞花，寒食东风御柳斜"。以寒食节为主题的"茶坞"摊位，见识中国茶文化的深邃内涵，通过猜字游戏感受甲骨文的神秘魅力，提升同学们的活动体验。

　　"何处春深好，春深上巳家"。由来已久的上巳节到如今已鲜有人知，中文学院青衿汉服社为传承优秀节日以及体现社团特色，设立以上巳节为主题的"服章灵韵"摊位，设置投壶，射箭，穿针引线等游戏，吸引了众多同学的参与，技艺精湛的手工饰品更是受到了大家的喜爱。

"半盏屠苏犹未举，灯前小草写桃符"。"丹青"摊位是以除夕为背景。除夕是指农历每年末最后一天的晚上，即大年初一前夜。因常在农历腊月二十九或三十日，故又称该日为年三十，是汉族最重要的传统节日之一。同学们在这里学习画面具、画团扇，体验除夕时写春联画、年画的活动，感受传统丹青的韵味。

"爆竹声中一岁除，春风送暖入屠苏"。家喻户晓的春节是中国最具代表性的传统节日，其历史悠久，传承至今依旧色彩不减，以春节为主题的"闻伶"摊位，设置画脸谱、猜戏曲游戏，更有精彩的表演节目助阵，为庙会增添了一抹色彩。

本次庙会丰富了同学们的课余生活，使其深切体会到我国优秀传统文化的无限魅力，也希望通过实践活动让同学们将优秀传统文化发扬和传承下去。

（三）"拔尖人才班"的多元文化与创新

"拔尖人才班"以CDIO教育理念为指导，培养具有扎实中外文化素养、较强外语应用能力及较好的对外汉语教学技能，能够进行团队协作，富于批判性思维和创新精神的高素质复合型汉语国际教育人才。"拔尖人才班"在国家规定的通识课程教育体系外，强调"在做中学"，特别是"基于项目的教育和学习"，围绕学生个性化的学习要求，突出"外语能力""实践教学""创新培养"三大教学板块。

1.教学板块的设置

（1）"外语能力"板块发挥外语院校的学科优势，要求学生精通英语，毕业时应达到英语专业八级（合格）或英语专业四级（优秀）水平。此外，本教改班学生必须辅修西班牙语并取得学位。在此基础上，教改班专业课程将积极打造双语教学模式，努力开拓学生的国际视野。

（2）"实践教学"板块突出理论与实践相结合，以CDIO任务式教学模式为指导。第一，讲授专业基础课的教师，校内评教成绩全部进入全校前20%。擅长互动式教学，引导学生在"做中学"；第二，开设中华才艺课程，要求学生必须掌握两门以上的中华才艺，并能够使用外语向外国人传授中华才艺；

第三，与留学生部合作，为同学配备留学生语伴，切实提高学生对外汉语教学能力；第四，教改班学生应在毕业前取得国家汉办颁发的汉语国际教育教师资格证。在第四学年安排学生赴孔子学院以及中文学院已建成的10个海外实习基地进行实地对外汉语教学实习，让学生在实践教学环境中迅速成长。

（3）"创新培养"板块以基于专业的创新思维训练为重点，为每两名学生配备一名学业导师，培养富于批判性思维和创新精神的研究人才。由校内承担国家级、省部级科研项目的专家学者，围绕自己的科研课题开设选修课程，按照研究生标准培养，实现CDIO"基于项目的教育和学习"的人才培养理念。对表现优异的同学，将由授课专家向国内外一流高校推荐，获得推免深造的机会。

2.拔尖创新人才应当具备的能力和品质

（1）独立的个性品质。拔尖创新人才既同其他类型人才一样有着扎实的基础知识和优良的思想道德品质，又必须具有独立的个性品质。拔尖创新人才的首要特征是不盲从，在不同的行业和领域求新、求奇和求异，突出自己的个性发展，积极通过各种团队活动来寻找自我，发现自己的特长；发展自我，充分发挥自己的能力；超越自我，积极进行创新探索。因此，拔尖创新人才除了要努力培养自己的创新性思维外，也应使自己具备良好的个性品质。个性品质优越，创新的能力才能得到施展，产生创造力，逐步成为与现代社会要求相适应的拔尖创新人才。

（2）健全稳定的创新人格。创新人格是拔尖创新人才的重要素质。创新人格是指由个体内在的创新意愿和创新能力所构成的较稳定而独特的心理特征总和，是有利于创新意识开发、创新精神彰显、创新能力强化的人格特质。创新人格是创新活动的内在动力机制，是创新意识和创新精神在个人心理层面的积淀，是创新活动成功的关键。在创新的过程中难免会出现困难和挫折，甚至暂时的倒退，拔尖创新人才要具备坚韧不拔的意志，同时要有健康和谐的心境，兼容并蓄、心态宽容，正视自己的缺点，接受别人的意见，尊重他人的成果。

（3）对民族精神和传统文化的认同。对民族精神和传统文化的认同是培育国家意识、塑造民族精神、陶冶爱国情怀的重要基石。拔尖创新人才在具备良好知识体系和个性人格的基础上，要具有良好的民族文化认同品质。高校在拔尖创新人才培养过程中，要充分发挥我国优秀的民族传统文化对人才培养和教育的良好心理整合、凝聚功能。

（4）基于多元文化的国际视野。经济全球化发展的时代，拔尖创新人才要有开阔的视野和宽广的胸怀，具有国际眼界，能够从宏观上把握国际发展的趋势，洞悉世界风云变幻的实质，并能够清醒判断社会经济发展的方向，提出自己独到的见解。其一，要具有自觉的国际意识。青年大学生朝气蓬勃，接受能力和求知欲望强，要发挥自身的优势，自觉提高思想认识，积极主动面向世界、走向世界。其二，要具有开阔的国际眼界。思路决定出路，眼界决定方向。大学生要努力学习，广泛涉猎，开阔和丰富自己的眼界，批判地吸收当今世界各国的先进文化。

3.拔尖创新人才培养应遵循的途径

（1）用社会主义核心价值体系教育学生，引领拔尖创新人才培养。思想政治教育的内涵非常丰富和深刻，如世界观、人生观、价值观、政治方向、道德品质、遵纪守法、行为规范等都是思想政治教育范畴的内容。如此丰富的内涵，政治方向是第一位的。培养拔尖创新人才，首先应解决的是为谁服务的方向问题，即培养中国特色社会主义事业的合格建设者和可靠接班人。在坚持上述要求的前提下，加大社会主义核心价值体系宣传教育力度，充分挖掘学生党建、社会实践、志愿服务、校园文化建设等思想政治教育内容，使学生学术科研能力和思想政治素质同步提高，培养具有强烈责任感、严谨学风和创新精神的高素质人才，引导其树立坚定正确的理想信念，把个人价值的实现与服务祖国人民的伟大事业紧密结合，明确自己所担负的社会责任，并注重培养拔尖创新人才的国际视野、全球意识和多元文化背景。

（2）以学生为本，坚持柔性管理的德育工作理念。高校的根本任务是培养人才，尊重学生、理解学生、关心学生是彰显大学精神的重要标志。但一段时期以来，一些高校内部管理出现了诸多偏差，其中最大的偏差在于过分行政化的管理模式，淡化了以人为基石的人文管理。与本科生相比，研究生的人生观、世界观已基本确立和成熟，存在个体情况复杂、价值取向多元、现实需求多样等特点，对研究生群体的服务和管理，仅靠制度的刚性制约是不够的，彰显个性、体现人性化的柔性管理无疑能够弥补"刚性"的不足，也更为适合研究生的思想道德状况及思维特点。柔性管理本质上是一种以人为中心的管理模式，是一种以高素质个体为核心的现代人力资源管理模式，它要求用柔性的方式去管理和开发人力资源，在尊重个体的人格独立与个人尊严的前提下，提高管理对象对组织的向心力、凝聚力与归属感。在党团建设、社团活动、综合测评、日常管理及其他工作中，要真正体现以人为本，满足研究生最迫切的需求，把研究生思想政治教育落实到满足成才需求、鼓励创新和促进全面发展上来。

（3）促进人文精神与科学研究有机融合，实现人文素养与专业技能同步提高。专业知识学习和科学研究能力培养是研究生教育的核心组成部分，也是对研究生实施思想道德等方面教育的重要途径。创新能力与意识的培养是拔尖创新人才培养的核心内容，许多高校围绕这一目标进行了改革和探索。比如，从2009年起，清华大学尝试打破文理科界限招生，给综合素质全面的学生提供更多选择机会，这也是清华大学培养拔尖创新人才的又一有力举措。南开大学在2009年9月正式以"伯苓班"和"省身班"为载体，选拔一批在理科学习方面具备优秀条件的学生，为他们配备"一流条件、一流师资、一流氛围"，培养理科拔尖创新学生。许多高校通过一系列改革举措和探索，将人文素质教育寓于专业教育之中，在加强科学精神教育的同时，加强人文素质教育、创设人文教育环境、营造浓厚的人文氛围，使思想政治教育内容更加贴近研究生的思想和生活实际，丰富多彩的人文素质教育让研究生自觉消化、印证、体悟、实践人文教育的价值取向。

（4）注重教师队伍建设，强化导师人格魅力和学术风范的育人功能。拔尖创新人才的培养需要全员参与，形成合力育人的良性机制，而培养拔尖创新人才思想政治素质的关键是研究生导师队伍。研究生导师在拔尖创新人才的人格塑造、品格养成中至关重要，对研究生学术道德和思想政治教育负有重要职责。导师在传道、授业的同时，其科学态度、道德认识、人生观等都会对学生产生长期乃至终身的影响。引导和鼓励研究生思想政治教育与教学科研项目、学术活动、学术竞赛相结合，让导师在指导研究生进行专业学习和科学研究的同时，及时了解和掌握研究生的思想状况和动态，全面关心研究生成长，关心研究生的学业、生活、心理健康、就业状况，做到思想上引导、学术上把关、生活上关心。

（5）培育鼓励创新、宽容失败的包容文化，优化拔尖创新人才成长的环境。要从制度和文化精神塑造来鼓励研究生创新的实现。学校要制定鼓励创新的制度，从研究生招生、选拔、考核、评价、就业等方面加以落实。同时，要营造宽容失败的文化。创新必然伴随着风险和失败的可能，因此要创造宽松的学术环境，保护创新的萌芽或前瞻性的认识。同时，要建设良好的学术道德，培养拔尖创新人才的优良学风。科学来不得半点虚假，唯有实事求是的科学态度、严谨求实的科学作风，才能取得科学的真知。

（6）注重拔尖创新人才的主体作用，培养健全人格。人格是一种心理现象，是个体与社会相互作用所形成的具有一定倾向性的、较稳定的心理特征的总和，它反映一个人的整体精神面貌。拔尖创新人才不仅要求具有创新思维和能力，还必须具备拔尖创新人才所需要的人格，以促进个体健全、完善人格的形成，将人类文化、科技、审美、劳动等文明成果内化为自身独特的素养，实现人的全面发展，从而推动社会与之共同发展。

四川外国语大学中文学院在学生第二课堂活动中，也十分注重传统文化的传承和发扬，成立了多个以弘扬传统文化为特色的社团，依托社团的特色活动，延伸了中国传统文化的课堂。

二、第二课堂以"文化传承"为旨归

(一) 话剧社的戏剧演出

四川外国语大学中文学院佑歌戏剧社成立于2004年，伴随着川外中文系的成立而成长，最初是由中文系一些喜爱中国传统戏剧并且热爱表演的同学们创立的，经过多年的传承发展，佑歌戏剧社从操场走向了剧场，从青涩走向了成熟，见证了数代"中文人"对话剧事业的热爱和付出。

社团以排演中国优秀话剧为主，排演的《暗恋桃花源》《雷雨》《阮玲玉》《原野》和《窝头会馆》等经典剧目都获得好评，其中改编话剧《原野》曾获得重庆大学生艺术节优秀剧目、优秀演员、优秀编剧等奖项，《窝头会馆》的演出也曾被华龙网进行专题报道。这样一群热爱话剧和表演的"中文人"，用青春传承着中国话剧文化内涵。除了参加新生才艺大赛、元旦晚会、学院戏剧节等活动之外，佑歌戏剧社也会举办一年一度的戏剧之夜，在戏剧之夜上表演两部自导自演的戏剧。

2022年"佑歌戏剧之夜"上演了张爱玲经典话剧《红玫瑰与白玫瑰》，现场气氛火热，观众热情澎湃。舞台帷幕拉开，"红玫瑰"与"白玫瑰"一出场就展现出各自独特的魅力，引来台下观众的阵阵欢呼，佟振保的登场紧随其后，代表着戏剧冲突的正式展开。与"白玫瑰"有纠葛的"小裁缝"，作为"红玫瑰"原配的"王士鸿"，这两个人物的鲜明性格也被演员们展现得淋漓尽致。话剧矛盾冲突不断、剧情跌宕起伏，现场丰富的道具、演员们精美的妆造、舞台上适宜的灯光和音效，都使得观众们沉浸其中，和戏剧扮演者们共同体会爱恨与悲欢。

正如剧中所言，"也许每一个男子全都有过这样的两个女人，至少两个。娶了红玫瑰，久而久之，红的变了墙上的一抹蚊子血，白的还是'床前明月光'；娶了白玫瑰，白的便是衣服上的一粒饭黏子，红的却是心口上的一颗朱砂痣"，台上的演员们，倾情演绎着世间饮食男女无可逃脱的情感惯性，发人深省，引人共情。

随着戏剧进入高潮，观众们为"白玫瑰"这一角色自我意识的觉醒感到欣慰的同时，也被其悲凉的一生深深触动；两位"白玫瑰"精湛的演技，也使得观众们对孟烟鹂心中的痛苦、矛盾和挣扎感同身受。

最后，佟振保改过自新，重获新生。戏剧落下帷幕，观众们的掌声响起，宣告着这出虚伪而荒诞悲剧的正式结束。这一夜过去，舞台上的故事虽然告一段落，但看过故事的人心中，却会多出一些对于爱情、欲望、人生的思考，续写角色们的另一段奇缘。

中国语言文化院"佑歌戏剧之夜"始终立足于院系特色、扎根戏剧文化，竭力为大学生们提供展示才能的舞台。体悟戏剧之美，感受戏剧魅力，传承戏剧文化，演好中国戏剧，展现新时代中国大学生的全新精神面貌。

（二）青衿汉服社的服饰展示

中文学院青衿汉服社致力于汉服的复兴和汉文化推广，社团活动丰富，有详细讲解汉服体系的课程，有汉服制作的手工课程，还有汉舞讲授、弓箭小组等特色活动，内容之多，范围之广，足以让同学们心生向往。

汉服，全称是"汉民族传统服饰"，又称汉衣冠、汉装、华服，是从黄帝即位到公元17世纪中叶（明末清初），在汉族的主要居住区，以"华夏—汉"文化为背景和主导思想，以华夏礼仪文化为中心，通过自然演化而形成的具有独特汉民族风貌性格，明显区别于其他民族的传统服装和配饰体系，是中国"衣冠上国""礼仪之邦""锦绣中华""赛里斯国"的体现，承载了汉族的染织绣等杰出工艺和美学，传承了30多项中国非物质文化遗产以及受保护的中国工艺美术。

与汉人一词类似，汉服中的"汉"字的词义外延亦存在着由汉朝扩大为整个民族指称的过程。如《马王堆三号墓遣册》关于"汉服"最早的记载："简四四'美人四人，其二人楚服，二人汉服'"中的"汉服"是指汉朝的服饰礼仪制度，即《周礼》《仪礼》《礼记》里的冠服体系；而成书于唐朝的《蛮书》的记载："初袭汉服，后稍参诸戎风俗，迄今但朝霞缠头，其余无异"中的"汉服"指的则是汉人的服饰礼仪制度。

汉服"始于黄帝，备于尧舜"，源自黄帝制冕服。定型于周朝，并通过汉朝依据四书五经形成完备的冠服体系，成为神道设教的一部分。因此后来各个华夏朝代均宗周法汉以继承汉衣冠为国家大事，于是有了二十四史中的舆服志。"黄帝、尧、舜垂衣裳而治天下，盖取诸乾坤"，是说上衣下裳的形制是取天意而定，是神圣的。汉服还通过华夏法系影响了整个汉文化圈，亚洲的部分国家如日本、朝鲜、越南、蒙古、不丹等服饰均具有或借鉴汉服特征。

汉服采用幅宽二尺二寸（50cm左右）的布帛剪裁而成，且分为领、襟、裾、衽、裾、袖、袂、带、韨等十部分。取两幅相等长度的布，分别对折，作为前襟后裾，缝合后背中缝。前襟无衽即为直领对襟衣。

若再取一幅布，裁为两幅衽，缝在左右两襟上，则为斜领右衽衣。前襟后裾的中缝称为裂，即督脉、任脉，衽在任脉右侧，故称右衽。裾的长度分为腰中，膝上，足上。根据裾的长短，汉服有三种长度：襦、裋、深衣。袖子与襟裾的接缝称为袼，袖口称为祛。一套完整的汉服通常有三层：小衣（内衣）、中衣、大衣。

附：四川外国语大学"中秋祭月"活动纪实

今夜月明人尽忘，不知秋思落谁家。中秋祭月仪式是一种古老的祭祀礼仪，表达人们祈求月神降福人间的一种美好

心愿。先秦已有对月神的祭祀，称为"夜明"或"夕月"，是华夏炎黄子孙庆祝团圆的重要节日之一。

为传承传统文化，喜迎中秋佳节，磁器口古镇传承并再现传统民俗文化，以"和美古镇，中秋浓情"为主题，以"汉礼，古琴，诗诵，书画，陶艺"为载体，在古镇不同文化场馆举办系列文化活动，突出根植于磁器口民情古镇的文化底蕴，喜迎四面八方游客。四川外国语大学中文学院青衿汉服社受到磁器口管委会的邀请，参与磁器口中秋特别活动，现场再现祭月仪式。

在磁器口古镇民俗馆举行的启动仪式上，汉服爱好者在紫薇树下着汉服演绎祭月仪式，以复古的方式再现了汉民族最传统的中秋习俗遗存和衍生，还原古人过中秋时的情景，打破时空屏障，穿越回味古代的祭月本色。

沐浴更衣
沐浴，穿上汉服。

陈设

月出后，向月亮的方向安放好祭桌，摆放好祭品，点燃红烛，铺设好席子。

就位

参祭者正坐于祭者席上。执事、赞礼就位。

祭月

赞礼唱："祭月。"主祭出位，到奠席前，跪于席上。

上香、祭酒

赞礼唱："三上香。"执事递上三支香，主祭在蜡烛上点燃，向月神鞠躬，再将香插于香炉中。如此三次。赞礼唱："三祭酒"。执事斟满酒爵，递给主祭，主祭将酒洒在席前的地上，再将酒爵放到祭桌上。如此三次。

读祝

执事递上赞美月亮的祝文，主祭借月光与烛光，向月亮展开诵读。

拜月

赞礼唱："拜月。""拜—兴—拜—兴平身"。主祭及参祭者一起向月神行"再拜"之礼（即拜两次）。

从献

赞礼唱："从献。"主祭离开奠席，参祭者按照长幼之序依次到奠席前，跪，上香（拿三支或一支），默默祈祷心中所愿，然后向月神行拜礼一次。直至所有女性参祭者拜完。

礼成

赞礼唱："礼成。"至此，中秋祭月仪式完成。

　　此次中秋特别活动受到了媒体的广泛关注，由四川外国语大学中文系青衿汉服社带来的祭月仪式取得圆满成功，受到各界广泛好评，其中上游新闻—重庆晨报、今日头条—渝州简闻、腾讯大渝网，天天快报—Q探城等媒体对此活动作出专题报道，产生巨大社会影响。

< 返回　　　今日头条　　　···

口，百名学子绘中秋。

| 一个仪式：祭月礼

9月21日晚，在磁器口古镇民俗馆举行的启动仪式上，汉服爱好者在紫薇树下着汉服演绎祭月仪式，以复古的方式再现了汉民族最传统的中秋习俗遗存和衍生，还原古人过中秋时的情景，打破时空屏障，穿越回味古代的祭月本色。

石幼竹 摄

快报　关心世界 更关心你　　　下载

昨日晚，磁器口举办了一场特别的"聚会"，位于古镇民俗馆里，一群身着汉服的少男少女在紫薇树下演绎祭月仪式，引来了众多游客与古风爱好者参观拍照。据古镇工作人员解析："中秋祭月仪式是一种古老的祭祀礼仪，是表达人们祈求月神降福人间的一种美好心愿。他不是封建迷信，而是一种情怀寄托，希望能通过系列活动让大家更加深入地了解汉文化。"

伴随着悠扬清雅的古琴声，本次活动以"祭月礼"拉开帷幕，为到来的传统中秋佳节带来一抹诗意。

昨日晚，磁器口举办了一场特别的"聚会"，位于古镇民俗馆里，一群身着汉服的少男少女在紫薇树下演绎祭月仪式，引来了众多游客与古风爱好者参观拍照。据古镇工作人员解析："中秋祭月仪式是一种古老的祭祀礼仪，是表达人们祈求月神降福人间的一种美好心愿。他不是封建迷信，而是一种情怀寄托，希望能通过系列活动让大家更加深入地了解汉文化。"

在磁器口古镇民俗馆紫薇树下，几位年轻人着汉服演绎祭月仪式，以复古方式再现汉民族最传统的中秋习俗遗存和衍生，还原古人过中秋时的情景，打破时空屏障，穿越回味

　　中秋赏月、祭月是中秋活动的重要内容，在民间它表达的是人们祈求团团圆圆的美好意愿。当明月在东方冉冉升起，人们便设案于庭院，祭拜月亮，供品以月饼为主，另加瓜果之类，尤其柚子是必不可少的，祭品多具圆形，是取团圆之意。而有些地方，每逢祭月，也是青年男女追求爱情、表达爱意的美好时机。青年男女带着露水成双结对窃窃私语，互表心意，有的从此结下百年之好。

　　在此中秋之际，青衿汉服社在传承并发扬中国文化传统的同时，也希望把美好的祝愿带给大家——但愿人长久，千里共婵娟！

　　着我深衣，兴我荣光。

　　固我本心，道阻且长。

　　志同则合，声比则应。

　　青衿于此，伴君而行。

（三）京昆社的艺术再现

川外京昆社成立于2008年，前身是川外老年大学京剧班。京昆社的同学们在每周五下午聚在一起，向重庆市京剧团的专业老师学唱腔、练身段，并学习中国传统戏曲相关知识。老师和同学们一起品味唱念做打的神奇，体会生旦净丑的鲜活，聆听昆曲余音绕梁，感悟京剧博大精深。"上承百年悠扬传统，下传十载立社春秋"。关于传承戏曲文化，京昆社的师生们持续在努力。京昆社曾在全国高京赛中创下七人参赛、七人获奖的佳绩，获得川外首届"感动校园十大人物"的殊荣，为全校晚会倾情奉献多场精彩演出，满堂喝彩的现代戏《沙家浜》更是传扬了中国意气。京昆社带领志同道合的师生一起享受戏曲文化，体验中国传统戏曲的魅力。

附：四川外国语大学京昆社京剧《拜寿》

剧情简介：

京剧《拜寿》讲述的是尚书杨继康做寿，三对女儿女婿前来祝寿，因养女三春及婿邹应龙贫贱，杨夫人不悦将其赶出府去。后杨继康因得罪严嵩革职，诸女皆不能依靠，侍女冬梅不离不弃，终于寻得养女三春，三春将其收留。后邹应龙中状元，扳倒严嵩，杨继康沉冤得雪，三女又来拜寿。冬梅又与邹应龙之弟邹士龙喜结连理，并被杨继康夫妻两人收为义女。一番沉浮，杨夫人也方知人间冷暖……

王耀民——饰　邹应龙（小生）

新闻与传播学院2015级

第十二届全国"高京赛"一等奖

唐艺宸——饰　杨三春（青衣）

中国语言文化学院2016级

重庆市第五届大学生艺术展演一等奖

川外首届中文戏剧大赛二等奖

周昊——饰　杨继康（老生）

英语学院2014级

中国戏曲"小梅花"金奖

天津"和平杯"全国十小名票

重庆第五届大学生艺术展演一等奖

第十二届全国"高京赛"二等奖

三、新文科背景下文化创新与学科发展

(一) 交叉专业的布局

新时代新使命要求国际中文教育创新发展，新挑战新机遇要求国际中文教育奋发有为。在此背景下，中文学院开设"国际中文教育+外语"这一交叉专业。交叉专业立足四川外国语大学自身优势，积极回应《新文科建设宣言》，围绕汉语国际教育专业建设国家一流专业目标以及我校新文科建设高校、国际化特色高校以及特色鲜明的高水平应用研究型大学的办学定位，以聚焦专业发展前沿、服务国家重大战略和社会亟须为导向，坚持专业交叉、复合融通、创新发展，以"国学根柢、世界眼光、外语能力"为特色，以"培养人才、传承文化、推广中文、服务西部"为宗旨，整合内外资源、优化师资队伍、打造育人特色，全面提升立德树人、文化传承、科研创新、社会服务、国际合作的能力与档次。在新时代、新文科背景下，为重庆乃至整个西部地区培养熟谙中国语言文化、具备全球格局视野的"一专多能"的高水平、应用复合型人才。

亮点：利用外语优势，凸显校本化亮点

特色："中文+外语"专业交叉，"语言+专业"复合融合

1.核心课程

四大板块：专业基础、外语能力、能力训练、实习实践

五大门类：汉语、文化、外语、语言教学、职业发展

《汉语基础》《汉字基础》旨在帮助学生在普通语言学基础上掌握作为第二语言的汉语本体知识，包括语音、词汇、语法、语用、汉字、汉外对比知识；具备符合国际中文教育

教师职业需要的汉语口语和书面语交际能力，具有提升自身汉语水平的意识和能力；具备汉语语言学、汉字学的基本知识，具备基本的汉语语音、词汇、语法、语用和汉字的分析能力和汉外语言对比能力。

《第二外语》《汉外语言对比》（阿拉伯语、西班牙语、俄语、朝鲜语、土耳其语、越南语……）旨在帮助学生至少掌握一门外语，包括听、说、读、写、译五项能力和一定的汉外语言对比能力，能满足生存和工作需要。具备外语语音、词汇、语法、语用和文字的分析能力和汉外语言对比能力。

《中华文化》《跨文化交际》《当代中国与世界》旨在帮助学生了解中华文化基本知识、主要特点、核心价值及当代意义，能通过文化产品、文化习俗说明其中蕴含的价值观念、思维方式、交际规约和行为方式，具备文化阐释和传播的基本能力。具有多元文化和跨文化交际意识，了解世界主要文化特点，尊重不同文化，能自觉比较中外文化的主要异同，并应用于教学和跨文化实践。了解中国基本国情、当代中国热点问题，能以适当方式客观、准确地介绍中国，传递中国声音，讲好中国故事。

《汉语作为第二语言习得》《汉语作为第二语言教学》旨在帮助学生了解第二语言习得的基本概念和主要理论，了解第二语言学习的基本过程和一般规律，了解影响第二语言学习的主要因素；具备分析和处理学习者偏误的能力。熟悉第二语言教学的一般原则，并具有将其与汉语教学实践相结合的意识和能力，熟悉汉语作为第二语言教学的主要方法；掌握汉语语音、词汇、语法和汉字教学的基本原则和主要内容、教学技巧，能根据不同教学对象采取适当的教学手段；了解汉语技能教学的课型特点、教学目标与基本原则，掌握汉语听说读写译教学的方法和技巧，并能有效地组织教学；能根据学习者的特点和教学内容，设计、组织教学活动。

《教学组织与课堂管理》旨在帮助学生掌握汉语教学组织和课堂管理的基本原则和方法，并运用于教学案例分析和教学实践；能根据不同课型、教学对象、教学内容、教学目标进行教学，培养学生的汉语教学组织能力。

《国际中文教师职业道德与专业发展》旨在帮助学生认识并理解国际中文教师职业价值，树立并维护职业信誉，遵守法律和职业道德规范；具备健康的心理素质、积极的态度、良好的心理承受能力、自我调适能力和团队合作精神。具备教育研究能力和专业发展意识，较强的教学反思能力，了解相关学术动态和研究成果，参与学术交流和专业培训，寻求专业发展机会。

2.师资团队

（1）"内培外引"：引进汉语国际教育专业的博士3~5名，打破专业、院系界限，整合校内资源，与东方语言文化学院、西方语言文化学院、俄语学院、国际关系学院等学院的教学和研发一线教师合作；培养具备"外语+国际中文教育""产、教、学、研"融合意识和能力的青年教师10名。

（2）"双师双能"：以学生为本，以问题需求、结果产出为导向，突破校内校外、国内国外、线上线下界限，打造出一支涵盖校内外、国内外、线上下专家的"中文+外语""产教学研"融合的双师、双能型师资团队，力争建设成一支省级优秀教学科研团队。

3.实践教学

（1）搭建"混合式"教学平台：引进"LingoAce"线上中文教学实习平台、"麻辣汉语"教学实践平台，用好超星学习通课程学习、知识传播与管理分享平台。

（2）建设"专门化"教学资源：推动专门化、项目化教学改革，通过校企之间、师生之间共同参与，以合作共建"汉语教学视频素材库""留学生高级汉语动态语料库""汉语教学电子教材库""多媒体教学素材库""多语种巴渝文化视频素材库"等教学资源项目为依托，实施实践教学。

（3）组建"做中学"学生团队：实施拔尖人才培育计划，学生培养贯彻CDIO理念，坚持"做中学"，以项目制为依托打造学生团队，成立"互联网+汉语国际教育"实践创新团队、"中文+职业"专门用途汉语教学资源研发团队、"讲好中国故事"多语种宣传团队，让学生真正成为实践教学的主体。

（4）完善"实践性"课程体系：以"新媒体信息技术核心素养""互联网+汉语国际教育""汉语教学产品开发""多语种中文教学微课大赛""专用汉语教学""巴渝文化体验""当代中国故事传播"等新时代汉语国际教育师资能力素养为训练核心打造实践课程。

4.教材建设

（1）建设语别化汉语教材库：针对"一带一路"共建国家所需师资，建设针对阿拉伯语、俄语、土耳其语、西班牙语、朝鲜语学习者的语别化汉语教材库。

（2）编写特色化系列教材《汉外语言对比教程》《中华文化》（中外对照本）《当代中国与世界》（中外对照本）《汉语基础》（中外对照本）《汉字基础》（中外对照本）《汉语作为

第二语言教学方法与案例》《跨文化交际与课堂组织管理案例集》等。

5.运行方式

增强"国际中文教育+外语"人才培养的有效性，人才培养过程可以看作是一个连锁反应链，措施得力，就会发生良性反应，反之则会发生恶性反应。鉴于此，本专业建设采取以下运行方式。

（1）建好"制度"，实施制度化专门化服务管理

成立汉语国际教育专业建设服务中心，专人负责师资、平台、资源、团队、课程等建设项目，全面优化一流专业建设条件。

（2）打破"壁垒"，开展专业交叉深度融合行动

作为新文科建设的必由之路，学科专业之间有效的深度融合是未来中文学院新文科建设的主方向。实施项目制，构建虚拟教研室，打破现有学科、专业、教研室、院系的壁垒，真正实现专业交叉、学科融合。

（3）构建"书院"，整合关键语种外语师资资源

现代书院制度的优势在于通过教学空间与生活空间的统一，凭借多学科的宽厚基础，为培养面向国家重大战略所需的专门化（区域化、国别化、语别化）复合型新文科人才，中文学院在全学段教师教育人才培养体系构建的基础上，依托外国语大学优势，整合外语学科关键语种资源，尝试建立"国际中文教育+外语"现代书院，开展"双学位""主辅修"培养模式，探索新的创新型人才培养机制。

（4）用好"资源"，实施品牌工程

实施品牌工程，完善人才培养、引进使用、管理服务的

机制，在一定范围内树立了招生宣传、招贤纳士的"一面旗"，发出了招才引智的"集结号"，形成聚集人才的"引力波"，从而构建吸引人才的"硅谷"和留住人才的"磁场"，形成"一石激起千层浪"的社会反响，开启"一花引来百花香"的人才培养和专业发展局面。

6.质量保障

（1）引进"项目制"培养模式

以项目（课题课程）为依托，以成果（特色人才、标志性成果）为导向，开展虚拟教研室、"双学位""主辅修"项目，改革师资建设、平台建设、资源建设、学生团队、课程体系建设。

（2）提供"制度化"服务保障

成立"汉语国际教育专业建设服务中心"，对师资建设、平台建设、资源建设、学生团队、课程体系等相关建设项目专人负责，制度化管理。

（3）打通"对口化"就业渠道

以服务国家战略和社会需要，满足用人单位需求为中心，提高对口就业率为指标，充分调动中文、外语师资平台和内外资源，对接用人单位，建立高校—地方政府—用人单位"三位一体"的协同培养机制，疏通就业渠道，提升对口就业率，满足服务国家战略和社会需要。

（二）微专业的启动

"中国文化国际传播"微专业，通过以职业为导向的专业课程的学习，快速达到传播中国传统文化所应具有的文学、文化、外语、剪辑、制作、传播等多方面、多技能、多语种要求，有效解决大学专业设置与国家乃至社会需求的匹配问题。"教育部中外语言交流合作中心"的成立，国际中文教育事业的发展，均需要着力培养中国传统文化国际传播人才。其特色如下：

1.文化+语言+技能的综合性特色

随着新时代的发展及形势的变化，线上教学已然成为不可或缺的教学形式。"中国文化国际传播"微专业面对庞大的国外需求，急需培养具有综合素质的中国传统文化传播人才，以培养学生化国际传播综合能力为切入点，使学生掌握传统文化、图片处理、短视频制作、直播技巧以及活动策划等方面的"线上"技能，成为能够从事文化传播短视频、主播运营、文案策划等岗位的高素质应用型人才。

以"文化"为基础，掌握中华优秀传统文化，奠定文化自信的基石。以"语言"为媒介，熟练掌握外语技能（以英语为主，旁涉其他语种），具备传播与交流的能力。以"技能"为手段，学习剪辑、制作、运营、策划等传播学知识，为国际传播的可能提供技术支持。

2.专业+实践+演示的创新性特色

专业课的讲授与实践进行结合，模拟外国学生需求中国文化的场景，进行专业实践。将文化与外语结合，通过网络进行展示。注意专业结构基础与视野、知识结构的协调。通过专业课的学习注重培养学生的思维能力与自主认知的能力。除了传统的课堂授课方式外，对于适合的课程可以采取实践制作的方式。具体方法如下：

（1）确定所需要的传播的文化主题。

（2）制作传统的介绍文化的文案。运用中文，并准确表述，简明扼要，控制在1500字以内。

（3）将文案翻译为英语或多语种。

（4）制作微视频。确定拍摄场景、出镜人员、后期制作等一系列过程，提前做好预案。

（5）建立网络链接。

（6）传播方式及手段的确定

（7）信息反馈的搜集。

（8）进行视频改进，精益求精。

以上八个步骤只是一个主题的推广模式，随着主题的确定，形成文化"主体网"。

3.教学模式的创新

保证文化及外语教学时数，特别强调"少而精"和"精讲多练"，注意知识内容的相互渗透和融合，注意课程之间的衔接，避免内容的重复。要重视系列课程或课群建设，提高课程综合化程度，优化课程结构。力争运用先进的多媒体教学设备与教学课件，提高教学质量。

特别要提升技能方面的学习，尤其是视频制作等方面的技能。不断创新从事中国传统文化国际传播工作的基本技能和初步能力，为后续课程及从事文化传播工作打下坚实基础。

（1）建设总目标

"中国文化国际传播"微专业充分保持创新实验班的优良传统和特色，坚持立德树人，培养核心素养，激发创新引擎。以"加强基础、拓宽专业、因材施教、重点培养"为指导思想，采用"跨学科资源和知识的深度交叉融合、第二课堂小班化教学、多元化高层次的导师制管理、广视角递进式的创新视角培养"等新颖培养方式，整合校内外优质资源，满足新文科及人工智能背景下不同学科、不同潜质的学生发展需要，促进学生全面而有个性发展，培养一批热爱祖国，有较强的事业心、社会责任感和奉献精神，具有较强的创新意识和综合能力的高素质创新型人才。

（2）建设分目标

①"中国文化国际传播"专业着力培养一批拥有文化传承与文化传播相互融合的"文化+技术"人才，打造1~2个文化传播的典型案例。

②"中国文化国际传播"专业结合当前人工智能技术的最新发展和国家发展战略，培养学生人工智能背景下的文化创新意识和文化传播能力。根据教学实际安排，出版新文科教材"文化+外语"，并配视频，试进行国内外发行。

③"中国文化国际传播"专业采用多学科深度交叉融合的多元化人才培养模式，以"文化+X"的培养方案，为学生在将来的文化国际传播领域发展赋能。形成一系列"微视频"，双语或多语，中文字幕，在网络发行。

（3）运行方式

①课程设置"灵活化""新颖化"

充分考虑人文课程和理工（技术）课程的相互渗透，结合当前技术的最新发展，培养学生的人文修养、创新意识和实战能力。基于跨学科的深度融合交叉，通过由浅入深、通俗易懂的沉浸式教学方式，实施探究式、讨论式和案例式等教学方法，体现课程的高阶性、交叉性和挑战度。

②师资调配"多样化""丰富化"

选聘我校学术造诣高、教学经验丰富的优秀教师承担课程教学和线下实践指导，同时邀请国内外的专家学者和企事业单位的优秀文化传播教师授课。

③教学安排"线上+线下""课堂+户外"

单独编班组织教学，利用寒暑假集中授课和正常学期的课外时间授课，组织学生参与文化实践。授课方式以在线教学为主，教师使用远程直播互动教室或在线教学平台进行网络直播授课，同时借助我校课程中心平台和国内一流大学慕课等资源开展混合式教学。

（4）质量保障

①实施专业化服务管理

成立"微专业"建设服务中心，由专人负责学生、教师、资源、课程等项目，全面优化"微专业"建设条件。首先，聘请专门的辅导员为学生服务；其次，建立专门的授课队伍，定期研讨；再次，组织专业人员参与微视频录制。

②进行课程交叉融合行动

"微专业"的建设要根据新文科发展作出调整，专业之间的有效融合是未来中文学院新文科建设的主方向。由中文学院、新闻传播学院、通识教育学院及其他相关学院的教师组成的授课团队，需要协力配合。打破现有学科、专业、教研室、院系的壁垒，真正实现课程交叉融合。

（5）建设成效

①培养一批具有较强的创新意识和文化传承综合能力的人才

培养综合能力人才是总目标的要求，也是"中国文化国际传播"微专业的内在要求。此专业就是要将文化置于心灵中，同时也将文化展示出来。"文化+技术"是未来人才市场的需求，更是新文科"文理交叉"的一个方面。跨学科资源和知识的深度交叉融合、第二课堂小班化教学、多元化高层次的导师制管理、广视角递进式的创新视角培养，这些措施是为了培养一批具有较强创新意识和文化传承的学生，为国家战略储备人才。专业采用多学科深度交叉融合的多元化人才培养模式，以"文化+X"的培养方案，为学生在将来的文化国际传播领域发展赋能。

②打造一支双师型师资队伍，配合"微专业"未来发展

中文学院"中文+外语"特色人才培养定位，符合我校外国语大学新文科建设和国际化办学的定位，更容易凸显我校外语资源、师资优势。"中国文化国际传播"微专业打造一支"产教研""专思创"相融合的双师型师资队伍。利用好外语优势，凸显校本化亮点；打造出特色师资团队，培养出特色型人才；产生标志性成果，形成专业虹吸效应。

③打造一批显著的教学改革成果，为"微专业"发展护航

系列教材以"文化+外语"为特色，形成文、图、外语等多角度的特色教材，主旨为介绍中国文化，"讲好中国故事""传递中国声音"。编写教材5部，涉及中国文化的吃、穿、住、用、行。特别注意双语翻译的准确性和通俗性，并能够将文字与图片进行对应。将中国文化拍成视频，每一章内容对应一部视频。既方便学生学习，又能进行中国文化的国际传播。

④形成适应未来社会需要的"微专业群"

以"中国文化国际传播"为"微专业"建设的起点，先行打造一个有影响的"微专业"。之后，根据"微专业"建设的经验，结合当前人工智能技术的最新发展和国家发展战略，打造关于文化的"微专业群"。主要培养人工智能背景下，新

文科建设需要的文化创新意识和文化传播能力的特殊人才。以"文化+X"的培养方案，为学生在将来的文化国际传播领域发展赋能。通用汉语教学人才的培养是时代发展的趋势，"微专业群"的建设将引领未来。

（三）文化创新范式与学科融合发展

面向学科前沿、专业融通、人文发展的新趋势和新要求，以守正与创新、交叉与融合、协同与共享为主要途径，推动深化文科教育教学改革及质量革命，不断提升哲学社会科学的内涵软实力、综合竞争力和跨域传播力，培育造就一批优秀人才、名家大师、经典作品，塑造具有重庆特色的文科教育新范式。建设一批符合社会经济发展急需的新兴文科专业、一流课程、培育项目和优秀教材等，产出一批具有国际影响、国内一流、西部领先的高水平成果。

（1）坚持尊重规律。尊重文科教育特点和人才成长规律是新文科建设高质量推进的基本前提。知识性和价值性相统一是哲学社会科学的命脉，在文科教育中要坚持立德树人，强化价值引领，不断提高文科教育的时代性、科学性、融合性和创造性。

（2）坚持守正创新。在传承中创新是文科教育创新发展的必然要求。没有守正，不知来路；没有创新，没有出路。新文科建设要立足两个大局，不断从中华优秀传统文化中汲取力量，加强与信息技术、工学等其他学科专业交叉融合，塑造新时代新文科思维体系。

（3）坚持分类推进。文科门类众多、特色各异，要求新文科建设必须分类推进。在新文科建设中要根据各自学科专业特点，立足重庆经济发展情况和巴渝文化特色，结合高校的历史文化与精神坐标，促进八大学科门类特色发展和内涵发展。

（4）坚持关键突破。专业优化、课程提质、教师提升、课堂多元、模式创新等要素是实现新文科建设的重要抓手，在新理念、新模式、新路径、新技术、新质量等方面，力求关键突破，积淀优势特色，为中国特色社会主义文化繁荣作出积极贡献。

（5）文化与外语资源并重模式。凭借传统文化课程的宽厚基础，依靠外国语大学的语言资源，将中国文化传播微专业推向国际领域。首先，为培养面向国家重大战略所需的新文科人才提供储备力量，其次，整合外语学科关键语种资源，建立"文化+外语"现代"微课堂"，再次，开展"微视频""文化网站"制作，探索新的课程建设模式。

03

第三章

文化传播追寻
大同梦想

一、以"文明互鉴"为引领

中华民族5000多年的文明史孕育出了灿烂辉煌的中华优秀传统文化。其不仅延续着中华民族的精神命脉、人文智慧和哲学思想，而且使得中国在与世界的对话和互动中独具魅力。如今，在"一带一路"背景下，中华优秀传统文化对外传播有了更多的新途径。

（一）优秀传统文化进教材

对外汉语教材作为有影响力的传播媒介之一，在中华文化对外传播的过程中发挥着重要的作用。让传统文化进教材强化了文化育人的功能，真正落实了文化教育的核心理念。教材作为留学生接触的最具有权威性的读物之一，潜移默化地影响着他们对中华文化的理解、对社会主义核心价值观的认知。这一举措对坚定民族文化自信、增强国家文化软实力以及培养有内涵、有素养的留学生都具有重要意义。

教材作为文化传播的载体，呈现出的是中国形象。为了更好地展现中华民族博大精深的文明积淀，彰显与时俱进的时代魅力，阐释中华文明的世界意义，我们要建立起一整套严密的、系统化的教材体系，并对其中的内容进行严格把控，向世界展现真实、立体、全面的中国。

1.坚持正确的价值导向，强化经典意识

中华文化有着悠久的文明史，但不是所有的文化都要出现在教材上。在内容的选取上，要突出传统文化素材的经典性；秉承客观、科学的态度，对传统文化取其精华，去其糟粕；避免乏味的宣传说教；结合时代的发展，在传统文化中注入新的内涵，使其能够在时代发展的浪潮中焕发生机。

2.符合学生汉语水平，遵循学生认知发展规律

把汉语作为第二语言的学习者的汉语水平对文化内容的选择具有一定的参考性意义。以四川外国语大学为例，留学生被编排在初级班、中级班和高级班。首先，我们要充分考虑到不同等级水平的留学生学习文化知识的诉求和问题。可以通过对留学生进行相关问题调研，确定不同阶段的教学内容、教学目标、教学形式以及重难点。其次，随着学生认知水平的提升，在文化内容的选择上要循序渐进，贴近学生实际，以达到良好的文化育人的目标。

3.文化内容与学科知识相互渗透

将优秀传统文化引入教材要注重文化内容与学科之间的相互联系，应做到文化与知识的有机融合、互相渗透，以达到良好的教学效果。我们可以在不同的单元、主题、模块融入相应的文化内容和载体形式。例如，四川外国语大学在留学生文化课程设置上已开设"中国文化"和"中国概况"两门主要的课程。根据学科特点和学生的汉语水平等级，在口语课、阅读课、古代汉语课等课程上可引入相应的文化内容，

使得文化内容和学科知识相辅相成。又如，四川外国语大学所使用的《发展汉语》系列教材高级口语课中所涉及的交际话题：人口老龄化的问题，就可以与当今中国社会的发展联系在一起。高级阅读课中，在讲述《中国古桥》一文中就可以穿插中国的桥文化。这种方式可以避免学生单一地学习某学科，从而培养学生学科交叉的思维模式。

4.坚持整体规划，科学合理布局

教材贯穿整个教育体系，前后相互连贯。这就要求引进教材中的文化也符合整个教育体系的框架。在不同等级的教材中，贯穿符合学生认知发展以及教育目标的优秀传统文化，确保文化内容和各个学科可以在纵向与横向上有序衔接，形成相互协调配合的格局。

文化育人是将中华优秀传统文化引入教材的主要立意。以科学系统的方式在教材总体编排和内容布局上进行整合，使课程教材的育人理念更加突出。这在一定程度上助推了文化传播的进程，同时多渠道、多角度地展现了中国深厚的文化底蕴。

教材是学生获取知识的重要媒介，所以主题内容的选择至关重要。它不仅影响着优秀传统文化的展现，而且影响着留学生的学习效率。面对来自不同国家的留学生，制定一本合适的教材需要考虑多种因素。这就要求在引入中华优秀传统文化时，要对教材使用者的国家的文化有所了解，以避免文化冲突。所以，在文化主题的选择上要进行严谨的思考、合理的安排。

根据传统文化的内涵和文化育人的理念，在此将引入教材的传统文化分为以下三类：

（1）中华文化核心思想

"礼"是中华文明诞生的标志，其基本精神是行为准则和道德规范。中庸是中华文化的核心理念之一，其内涵精神是秩序与和谐。经过几千年的历史文化积淀，中华民族和中国人民形成了天人合一、道法自然、脚踏实地、安居乐业的思想理念。这些观念如何在教材中体现，就需要找到合适的载体作为媒介，在此基础上才能大力发展和弘扬优秀的传统文化。

（2）中华传统美德

中华传统美德是中华文化中的重要组成部分，它包含着丰富的内容和文化。例如："天下兴亡，匹夫有责"体现了一种担当意识；"先天下之忧而忧，后天下之乐而乐"表达的是一种忧国忧民的情怀；"己所不欲，勿施于人""与人为善"等体现出的是个人的修养。在当今，弘扬中华传统美德具有重要的现实意义。它体现的是一种独特的民族精神和内涵，有助于学习者树立正确的核心价值观念。这部分内容可以适当引入古代汉语教材中，以合适的方式呈现出来，潜移默化地影响国外留学生对中国核心价值体系的理解。

（3）中华人文精神

中华传统文化中蕴含着丰富的人文精神。如求同存异、和而不同的处世方法；以孔孟为代表的儒家文化提倡的"仁政"和"以德治国"的理念；追求美学，勤俭节约的思想观念。众多历史巨著和文献也都体现出了中华人文精神和人文教育。例如，《道德经》《史记》和宋明理学等。这部分知识有助于留学生理解当今中国社会的主流价值观和生活理念，在有关历史题材的话题和文章中可以渗透。

5.优秀传统文化进教材的主题分类

基本文化常识主要指构成中华传统文化的基本因子。如礼仪、传统节日、风俗习惯等。

科技成就既包括古代科技又包括现代科技。如古代四大发明、新四大发明、都江堰工程等。除了科技成就，中国劳动人民的智慧和才干也是值得讲述的中国故事。

经典篇目主要包括优秀的文学作品、科学典籍、历史著作和艺术作品等。

人文典故主要指被人们公认的历史故事、文化典籍、寓言故事、神话传说等。

艺术与技艺以民族性和地域性为主要划分原则。例如特色鲜明的民族音乐、舞蹈、剪纸、戏曲、武术、雕刻、烹饪、服饰等。

（1）不同等级教材中的"文化育人"元素融入

以四川外国语大学所使用的《发展汉语》系列教材为例。

初级教材

初级阶段教材中所引入的内容主要是中华文化基本常识。在这个阶段主要是使留学生初步了解中华文化的基本常识，主要培养留学生对汉语和文化的兴趣和热爱。教师应该在这一阶段积极引导留学生对优秀中华文化的进一步探讨，激发留学生的求知欲，增强其对中华文化的认同感。

中级教材

随着留学生汉语水平的提高，中级教材中应该引入比较系统的文化，以培养文化理解力为主。通过了解历史经典、欣赏传统艺术，引导留学生理解中华文化的核心理念和精神，珍视中华优秀传统文化的文明成果。

高级教材

高级阶段会对留学生提出更高的要求。这一阶段的目标是培养留学生对中华文化的理性认识和自觉实践能力。通过对中华文化进一步的学习，使留学生能够客观地认识中国社会生活，自觉践行中华传统美德。

总之，在对文化内容的严格把控之下，在不同等级的教材中引入相应的文化内容，既符合学生的认知发展规律，同时遵循了循序渐进的原则。

（2）不同课程中的"文化育人"元素融入

文化育人还体现在四川外国语大学留学生课程之中，诸如阅读课、口语课、综合课、古代汉语课、历史课、才艺课等课程。

在阅读课上，学生通过对文章的阅读获取信息。因此，文章素材的选择尤为重要。风俗习惯、神话寓言、传统节日、成语故事等都可以融入文章供学生阅读了解。

在口语课上，教师通过引导学生积极地表达来培养学生的交际能力。口语课教材中的话题在很大程度上会影响学生的开口率。在选取话题类别时，要充分了解学生的兴趣爱好和心理诉求。在口语课堂上，学生可以讲中国文化故事，如成语故事、民间故事、神话故事等。学生在学习的过程中不仅可以提高口语表达能力，还会对中华文化有更多的了解。

综合课要求学生的听、说、读、写全面发展。在教学过程中，根据素材内容的相关情况制定相应的文化输入措施，在帮助学生全面发展的同时，达到文化育人的目标。

古代汉语本身就是古代文化的一种表现形式。古代汉语教材中所引入的文化可以是古代的、现代的以及古代与现代的融合。在教授古代汉语时，要注意古今文化的对比、发展和继承。特别是一些比较难以理解的文化内涵，教师需要结合简单的例子来讲解。

历史课主要是对中国历史的讲述，其中涉及很多的历史文化。在选取讲授内容的时候，要充分考虑到学生所在国家的历史（例如日本），以避免敏感话题的讨论。在这一课程中，也要注意文化的难易和学生的接受程度。

中华才艺在中华优秀传统文化中扮演着重要的角色。中华才艺具有典型的民族特色，例如，剪纸、太极、书法、曲艺等，深受留学生的喜爱。在教学过程中，教师要注意引导留学生体会中华才艺的内涵，做到技艺和文化的交叉融合。希望每个学校都可以提供多样化的才艺课，使得留学生可以学到更多的中华才艺。

优秀传统文化进入教材是一个循序渐进的过程，在这个过程中要坚持以文化育人为目标，以经典传承为导向进行文化的输入与输出。在文化进入教材之前，需要有专业的领导团队进行统筹规划和指导，确保进入教材的是真正的中华优秀传统文化。除此之外，要制定文化进入教材的各种实施细则和方案，充分发挥留学生课程学科的特点；加强文化进入教材这一工作的落实，确保文化育人目标的实现。

（二）优秀传统文化进课堂

中华文明博大精深、源远流长，孕育出中华民族和中国人民优秀的精神品格。中华优秀传统文化延续着一个民族、一个国家的精神命脉。教育是文化继承和传播的一种重要途径，课堂是文化和学生之间的纽带。让传统文化走进课堂对文化的输出具有重要意义。

当今，信息技术飞速发展，数字化时代拓宽了文化的传播途径。在新媒体浪潮下，课堂教育逐渐变得多元化和可视化。近期，优秀传统文化进学校、进课程、进课堂的"潮流"翻涌而来。这些无论对国内中小学课堂还是国际课堂都有重要的意义。

以四川外国语大学留学生课堂为例，展现优秀传统文化进课堂的具体表现。

1.经典诵读

中国的古典诗文具有深刻的内涵与意义，也包含了丰富的人生哲理。在课堂上开展古文经典诵读的活动，可以使留学生拓展文化知识、陶冶情操、开阔视野。在留学生学习古诗文的课堂上，经典诵读活动通常以个人或者小组的方式进行。诵读的主要内容以教材中出现的经典篇目为代表，也可以选择自己喜欢的诗歌。这不仅增强了学生的学习兴趣，提高了学生的交际能力，而且让优秀传统文化走进了课堂，使得留学生汲取了中华文化的智慧，同时加强了文化育人的作用。经学生反馈，课堂上举办的经典诵读活动给他们的学习和生活都带来了积极的影响，他们很开心能够有机会参加这种活动。

2.欢度佳节

中国传统节日是中华文化的一个重要组成部分。春节、中秋节、端午节、元宵节等都有其独特的文化意义和价值。自古以来，大量的文学作品以及诗歌中都有对中国传统节日的描写和赞颂，这足以表明中国传统节日的重要地位。讲好中国传统节日的故事，仅仅通过书面文字的描述和讲解是远远不够的。为了让留学生了解更多中国传统节日的习俗，感受中国传统节日的魅力，老师们精心准备并设计了丰富多彩的主题活动，真正做到让传统节日走进课堂，走到学生身边。

春节是我国最具有民族标志性的节日，积淀了丰富多彩的文化内涵，在世界的舞台上展示着迷人的魅力。春联、饺子、爆竹、红包等都是典型的传统春节的文化元素。在汉语课堂上讲授有关春节的内容时，老师会设计一些趣味活动。包饺子是其中一个代表性的活动。有趣的是，不同国家的留学生会把饺子包成不同的形状。但是为了让他们能真正地了解春节文化，老师会要求他们包"中国式"饺子。根据学生的意愿，课堂上还举办了写春联活动。

中秋节在中国传统节日中占据着重要的地位。有关中秋节的传说、故事、习俗、活动等也有很多。在课堂上，老师会选择以主题活动的形式开展教学，同时对不同汉语水平的留学生分别制订不同的课程活动计划。活动内容主要包括：中秋节诗歌朗诵、歌曲大合唱、讲故事、猜灯谜、做月饼等。留学生表示非常喜欢在课堂上参加这种体验式的文化活动，尤其是做月饼的活动给他们留下了深刻的印象。他们积极主动地与班级里的同学交流合作，营造出一种欢乐的活动氛围。

端午节，又称龙舟节、端阳节，也是一个非常有意义的中国传统节日。其代表性的食物是粽子、艾草糕；重要的活动是赛龙舟；相关的人物是屈原。端午节与春节、中秋节一样，节日习俗和活动丰富多彩。在讲授历史人物或者相关节日文化时，老师会在课堂上开展相应的主题活动。学生最感兴趣的活动是包粽子，他们积极参与其中，既品尝到了传统美食，又丰富了自己的文化知识。对于困惑的问题，他们还会在活动过程中积极与老师、同学讨论。

让传统节日文化活动进入课堂，对文化的传播与发展具有重要的意义。通过举办相关的课堂活动，学生不仅学到了与节日有关的文化知识，还进一步体会到了中国文化的丰富内涵。

3.书法之美

汉字在数千年的历史发展中，积淀了丰厚的文化底蕴。作为传承中华文明与文化的载体，它在文化的传播与发展中发挥着重要的作用。汉字独特的形、音、意，造成了留学生在学习汉字时的困难，他们觉得汉字难写、难记、难懂，特别是对非汉字文化圈的学生来说更为困难。但是汉字的书写最能体现汉字文化的魅力。针对学生在汉字书方面遇到的困难，老师在进行汉字教学时，会把书法带进课堂。书法是汉字的艺术，老师在课堂上直观地展示书法，让学生看到汉字并不是一些呆板的符号，它们是具有生命力的。

老师鼓励学生勇敢地练习书法，亲身体会汉字的魅力，进而消除他们对书写汉字的恐惧。在书法练习过程中，学生会把注意力放在汉字的偏旁、部首和整个汉字的结构上。这可以提高他们对汉字构造的认识，增强他们对汉字的理解力和记忆力。在语言文字与文化艺术结合之下，潜移默化地达到学习汉语的目的。一位在书法方面进步非常快的学生表示："书法让我爱上了汉字，并且让我找到了一个爱好。"

自古以来，书法艺术就被历代赞颂，它是中华文化孕育出的灿烂之花。有些文人在书法上有着卓越的成就，如楷书四大家：欧阳询、颜真卿、柳公权、赵孟頫。在进行书法练习的过程中，老师可以选择相关的文化内容进行适当拓展。

总之，将书法艺术文化与汉字教学相结合，既可以边体会汉字的正确写法，又可以轻松学习书法文化。在一定兴趣的基础上，书法可能成为汉语教育的重要推动力。

4.服饰文化

服饰不仅是人们正常的生活需要，还在一定程度上代表着一个国家、一个民族、一段历史时期的民俗和文化。中国的服饰文化随着历史的演变发生了重大的变化。中山装、旗袍、汉服等典型的中国服饰体现出文化的积淀。每种服饰在演变至今的过程中都发生过大大小小的改变。如旗袍的脖领经历了交领、矩领、直领、盘领、圆领、立领等变化。除此之外，其旗袍的衣襟、袖形、图案也都发生了改变。它是古今文化的融合，是历史文化的特殊反映形式。相比旗袍来说，汉服是比较休闲的款式，其色彩、配饰、工艺等要素都有丰富的文化内涵，已成为传统文化的象征。中山装比较正式，其前身的四个口袋代表着礼、义、廉、耻；门襟五粒纽扣代表五权分立；后背完全封闭代表国家和平统一。

在课堂上讲解民族服饰文化时，老师会穿上代表中国文化的服装。这种将文化直接呈现在课堂上的形式有助于学生直观地观察到服饰的特点，以便清晰地了解服饰所代表的文化内涵。学生根据个人兴趣爱好，可以穿中式汉服、旗袍或中山装，也可以穿自己国家的代表性服装。在欣赏中国传统服饰美的基础之上，还应引导学生体会其代表的民族文化、哲学思想、伦理道德等。

学生根据自己的意愿，可以上台讲述自己国家的服饰文化；可以和小组成员讨论中国服饰的特点以及背后所隐含的文化观念。例如：中国人的服饰有什么特点？中国人的服装代表什么样的文化观念？在这个过程中，不仅可以使留学生对中国服饰文化有更深刻的了解，还会提高他们学习汉语和中国文化的兴趣。

5.饮食文化

饮食文化在文化体系中扮演着与众不同的角色。当今世界饮食文化主要分为东方饮食文化和西方饮食文化。通常我们将东方饮食称为中餐，将西方饮食称为西餐。中国传统的饮食可以概括为鲁菜、川菜、粤菜、徽菜、闽菜、浙菜、苏菜、湘菜等八大菜系。每种菜系的形成与当地历史和独特的烹饪特色是分不开的，同时受到这个地区的自然环境、资源特产、温度气候、饮食习惯等的影响，最终形成了不同特色的地方饮食文化。通过了解不同地方的饮食文化，我们还可以推断出当地人民的性格特征和生活习惯。因此，饮食文化是一个国家和地区的名片。

中国在古代就已经树立了"礼乐文化始于食""民以食为天"等概念，可以看出中国自古以来就非常重视饮食文化。有学者指出"想要了解中国文化，先了解中国的饮食文化"。在课堂上，老师采取视频图片展示、食物呈现等方式让传统饮食文化走进课堂。学生通过学习、观察、品尝之后了解了中国特色食物的制作过程和文化寓意。随后，老师给学生足够的时间讨论自己喜欢的中国菜以及介绍自己国家的饮食文化。通过讨论、对比、讲述等过程加深了学生对中国饮食文化的了解，进一步提高了他们学习中国文化的热情。

6.茶文化

中国是茶的故乡，中国的茶艺在世界上都享有盛誉。中国的茶文化有着悠久的历史，传说中国的茶文化起源于神农氏。经过数千年的历史积淀，茶所代表的精神文化影响中外。

茶文化之所以吸引人，是因为在泡茶、喝茶、品茶的过程中，我们的心灵得到了放松。以陆羽为代表的古人就非常重视茶文化所带来的精神上的享受。除此之外，茶具、饮茶用水和茶艺都有特别的讲究，并与儒家、道家、哲学思想相互交融。

老师在课堂上展示、讲解茶的制作过程，让学生近距离接触并尝试自己泡茶。通过亲身体验，学生可以谈论自己的感受。有些国家也有自己的茶文化，例如，日本茶文化、英国茶文化、韩国茶文化、俄罗斯茶文化等。学生可以进行中外茶文化小组讨论，加深对中国茶文化的了解。

以上选取的为一些优秀传统文化进课堂的典型代表实例。让优秀传统文化进课堂不仅可以让学生真实全面地了解中华优秀传统文化，同时进一步加深了学生对中华优秀传统文化的热爱，在某种程度上对他们学习中文起了助推作用。

（三）优秀传统文化进头脑

中华优秀传统文化有着悠久的历史，蕴含着丰富的哲学思想、道德理念和民族精神。弘扬和继承中化优秀传统文化是时代发展的要求，是建设文化强国的要求，是实现中华民族伟大复兴的要求。如今，加强优秀传统文化进校园、进教材、进头脑的举措得到广泛的支持和帮助，有助于落实文化育人的教育目标。

推动传统文化进头脑，必须考虑到教育环境、课堂氛围、课程建设以及学生特点。在教学实践中创新思维方式，突出实践、加强文化建设，在课堂学习和活动的过程中积极探索适合学生的教学模式和学习方式，为优秀传统文化进头脑打造良好的平台。优秀传统文化进头脑不是一种简单的教学策略就可以的，尤其是在汉语作为第二语言的教学环境中，需要具体的实施策略和细则才能确保这一过程有序进行，并取得一定成效。

由于中华优秀传统文化的历史悠久，容易出现文化现象和概念模糊不清的状况，特别是对留学生来说更难掌握和理解复杂多样的中华文化。因此，站在文化继承、创新、传播、发展的角度来看待这个问题，让传统文化进头脑迫在眉睫。这不仅涉及文化的国际教育问题，更是为文化对外传播与发展奠定了坚实的基础。只有传统文化知识在头脑中与自身的特质、习惯、思维相互作用形成体系，才能真正实现文化育人的目标。

为实现中华优秀传统文化进头脑的目的，可采取多课程联动、文化元素交互渗透的方式，营造良好的教学氛围，将中华优秀传统文化元素分等级融入课程体系，并采用"语境融入法""音像融入法""体验融入法"来实现。

1.多课程交互渗透

留学生的课程无论是阅读课、综合课、口语课、听力课、汉语课，还是中国文化课，每门课程都有自己的侧重点，在此基础之上，实现学科的交互渗透可以使知识循环输入。例如，阅读课上出现的话题可能在文化课上也有涉及，文化课上出现的话题可以在口语课上进行操练。除此之外，在以上所列的几种课程中渗透相应的传统文化知识，既可以增强不同学科之间的交互性，又可以使文化输入呈现多样性。

在不同的学科之间进行文化的交互渗透之前，要在专业指导老师的监督下制定严密的细则和方案，以确保教学和学习过程可以顺利开展，并取得良好的效果。老师在进行教学活动时，要注意记录学生在学习过程中所遇到的疑问和困难，课下进行反思并对教学安排和计划作出适当的调整。

2.良好的课堂氛围

优秀传统文化进头脑受到多种因素的影响，如老师、教材、课堂环境、学生自身等因素。老师"传道、授业、解惑也"；教材为学生提供知识；课堂是学生学习知识的场所；不同国别留学生的自身特质都会对学习文化知识的效率产生影响。对汉语作为第二语言的学生来讲，课堂教学尤其重要。课堂上学生的表现和状态将会影响到最终的学习结果。营造轻松愉快的课堂氛围有助于学生对文化知识的理解和吸收。为取得良好的教学效果，老师需要对教学过程进行精心设计，使学生积极参与课堂互动。

由于教学对象的多元化，老师在进行教学时要以国际视野和开阔的胸怀来看待不同国家的文化。必要时，进行差异化教学来提高学生的学习效率。老师在讲授知识时可以借助优秀传统文化的特质和现代教育技术的先进性，打造多元化的讲课方式以激发学生的学习兴趣。

3.实施不同等级的文化教学原则

考虑到文化在语言中的地位，针对不同汉语水平等级的留学生，宜采取不同的文化的教学原则以达到优秀传统文化进头脑的目的。例如：

处于初级阶段的留学生的汉语水平，决定了这一阶段文化教学的原则要以简单、生动、有趣为主。对于初级阶段的留学生来说，在学习中国文化知识的过程中肯定会出现一定的障碍。在这种情况下，要对输入的文化内容提出一些实质性的要求。简单、有趣、碎片化、生活化的文化内容不仅可以激发学生的学习兴趣，而且可以提高学生的学习效率，有助于学生真正理解所学习的文化知识。

处于中级阶段的留学生已经掌握基本的汉语语言知识。他们处于初级向高级过渡的中间阶段，也是简单文化因素教学向文化知识教学的转变。这种过渡性转变对这一阶段的教学内容和使用的教学方法都会有更高的要求。所以，中级阶段主要采用过渡性原则。老师在这一阶段既要帮助他们克服学习过程中遇到的困难，又要引导他们探索更高层次的文化知识，以便他们稳步地向更高语言水平层次过渡。

处于高级阶段的留学生已经掌握较为扎实的汉语知识，所以他们所接受的文化知识属于较深层次的部分，例如，中国人的价值观念、宗教信仰、思维习惯等。在这一阶段，老师可以结合学生以后的工作发展需要进行有目的的教学和指导。这些因素都决定了高级阶段的教学原则应该以专业性和深入性为主。这样才可以满足他们对文化知识更高层次的需求，并进一步提高文化教学的效率。

为了更有效地促使中华优秀传统文化进头脑，可以采用"语境融入法""音像融入法""体验融入法"等多样化模式。

①语境融入法

中华优秀传统文化博大精深，源远流长。在教学中难免会遇到复杂抽象的文化知识，这时借助一定的语境和文化背景把抽象的文化具体化有助于学生理解，从而形成比较深刻的记忆。以四川外国语大学使用的《发展汉语》教材为例，书中曾出现"中国人用'老黄牛'比喻勤奋的人"。如果没有特定的文化背景，"老黄牛"在外国留学生眼中就只是黄颜色的牛。老师结合社会文化背景知识向学生讲授相应的文化内涵，就可以达到事半功倍的效果。

②音像融入法

互联网飞速发展，让万物互联成为可能。结合新时代背景下的数字技术，利用音像资料呈现文化知识可以达到较好的文化教学的效果。例如，借助绘声绘色的视频展示优秀的中华传统文化，可以加深学生对中华文化的理解，有利于文化知识在学生头脑中留下深刻的记忆，同时利用多媒体辅助汉语教学可以使教学形式多样化，使教学内容可视化。以电影视频《功夫熊猫》《花木兰》为例，通过观看电影来了解中国文化的方式既活跃了课堂氛围，又激发了学生的学习兴趣。在观看影像资料之后，还可以开展相关话题的讨论，不仅可以让学生了解到相关的文化知识，还可以提高他们的口语表达能力。

③体验融入法

中华优秀传统文化自身的特性决定了其多样化的呈现方式。最直接有效的方式是让学生亲身体验中华优秀传统文化，感受文化的魅力。对于一些传统的节日文化，如春节、中秋节、端午节等，可以举办相应的文化活动，积极鼓励学生参与其中，让学生亲身感受到节日的风俗习惯和文化氛围。除此之外，饮食文化、茶文化、服饰文化等的教学都可以以文化活动的形式开展。这种体验式的教学方式一方面提高了学生学习中华文化的热情，另一方面也对优秀传统文化进头脑起了一定的促进作用。当今虚拟技术的应用和发展为体验式活动注入了更多的新鲜感，让学习变得更加妙趣横生。

4.优秀传统文化进头脑的成效①

使用一系列的教学方法和措施对优秀传统文化进头脑起了一定的助推作用。优秀传

① 文化育人成效具体见"文化感悟"和"文化认同"部分的呈现。

统文化进头脑的过程实际上是学生对文化知识的认识、输入、理解、吸收的过程，这一过程对学生的学习、对文化的传播与发展都有重要的意义。最终被个体吸收的文化知识通过显性或者隐性的方式呈现出来。

显性方面　文化进入头脑后就推动了个人文化知识的增加和积累。最明显的体现就是在进行相关文化知识的描述时，能够清楚明了地讲述该文化的来龙去脉，并可以表达自己对这一文化现象的理解。

隐性方面　文化进入头脑后，经加工成为自身文化的一部分。它可以潜移默化地影响个体本身的行为举止。例如，中国传统习俗文化进入某学生的头脑中，这种经过内化的知识会影响该学生与中国人交往时的表现。也就是说，这种传统的习俗文化会驱动该学生做出像中国人一样的举动。

优秀传统文化进头脑实际上是文化教学成功的一种表现。为了能够达到这个目标，需要进行多重因素的考虑。对汉语教师来说更是一种挑战，教师在这个过程中需要勇于尝试新的教学方法，敢于创新教学途径，不断积累教学经验，直至真正达到这一目标。

二、以"文化感悟"为依托

（一）传统艺术之美

弦起清音扬，弦凝音绕梁

中国传统乐器众多，各有特色，而古筝则以其优美动听的音色被誉为"众乐之王"。其琴音有时似高山流水般绵长，有时又如勇士奔赴战场般壮烈，有时却又带着几分夕阳西下时的悠闲。弦起之时，中国传统艺术之美随指尖流出。

古筝、二胡合鸣

2019年10月29日，四川外国语大学举办了第三期汉语角活动，活动的第一部分是由两名同学带来的古筝和二胡的《青花瓷》合奏。古有琴瑟相和，今有胡筝共鸣。表演开始时，演奏者轻轻拨动琴弦，便已是"未成曲调先有情"。

古筝表演

随着伴奏的开始，琴音缓缓响起，让人脑海中不自觉地浮现出《青花瓷》的歌词所展现的画面。素胚勾勒出青花，釉色渲染仕女图……虽无人声演唱，但在演奏者的轻拢慢捻抹复挑之间，就已将此意境表现得淋漓尽致。古人以琴音奏出哀伤之情，奏出拼搏之劲，而现在人们不仅能感受到这些情感，还能感受到这些曲调在历史沉淀后留下的中华传统文化之韵味。从那一丝一弦中跃出的音符，是有着几千年历史的中华文化发出的回响，足以震动所有人的心弦。

除了这次活动外，四川外国语大学也曾多次将古筝等传统乐器的表演融入活动之中。2020年11月16日举办的第十三期汉语角中，一位同学演奏了中国古典名曲《茉莉花》。其琴声就像这首乐曲的名字一般，只是听见就已沁人心脾，让人久久沉醉于其中。古筝的声音有其独特的感染力，这也是为何古代文人墨客皆为琴音作诗写文。"弦依高张断，声随妙指续"，在演奏者精湛的琴技之下，才成就了一首首绝调清曲。这些乐曲流传至今，不再只是文人墨客才可以歌颂的高雅艺术，而是人人都能欣赏的文化之美。在活动中加入古筝等传统乐器的演奏，是对文化的传承和传播，是对学生情操的陶冶。

中国十大古曲中有一首乐曲名为《高山流水》，诉说了伯牙与子期之间的真挚友情。而在如今，琴声同样倾诉着美好的友谊。学校举办的这些活动除了有中文系学生的参与，也有外国留学生参与其中。都说音乐无国界，当古筝琴音环绕时，国内外友人可共同享受古筝的美妙之处，沉浸于传统文化的底蕴之中。

通过对中国传统艺术的欣赏和交流，可以展现中国从古至今对美的追求。在一些实践活动中加入传统乐器的表演，既能很好地营造出中国传统文化的氛围，激发学生对中国传统艺术的兴趣，宣传中华优秀传统文化，还能促进国内外友人之间的友好往来。古筝等传统乐器作为中国传统艺术的代表之一，在文化交流中拥有非常重要的作用。

弦凝指咽，古筝的琴声却未停止，好像仍然回荡在人们的耳边。所谓"余音绕梁，三日不绝"，即使表演结束，它留下的余音也不会消失，听到琴声时的感动与美好将永留心中。

舞动青春之歌，舞出文化之风

在2019年四川外国语大学举办的第二期汉语角活动中，六位同学为大家带来了传承中华文明精粹的中国古典舞《知否知否》。伴随着优美的古风乐曲，同学们翩翩起舞，用优雅的舞步诉说着曲折委婉的惜花痛饮之情，为整个活动增添了一份中国文化特有的韵味。

中国舞实际上是对中国古典舞和民族舞的总称。中国舞融合借鉴芭蕾舞的训练体系，在此基础上配合民族音乐和古典音乐，形成了独具特色的舞蹈风格。此外，中国舞的节奏独特，韵律感强，其舞步中含有中国武术、戏曲等元素，舞者的一举一动都能展现出中国文化的大气和

汉语角活动中的中国古典舞表演

端庄。中国舞对于舞者的身姿也有着较高的要求，对舞者艺术素质的培养十分重视。古人形容舞姿，如翩跹蝴蝶，又如飞鸟东来。如此绝妙的舞姿，若配上好酒一壶，坐于亭上，品酒观舞，怎一个惬意了得。

如今在一些表演中，我们也不难见到中国舞的身影。2022年春节联欢晚会的舞台上，一曲《只此青绿》让观众皆为之倾倒，成为大家最喜爱的节目之一。舞者们用舞姿绘出《千里江山图》，舞与画相映相融，穿着青绿舞衣的舞者仿佛跃动在宣纸之上。她们时而化为山峦，时而化为卧石，最终定格在画卷中。"无名无款，只此一卷；青绿千载，山河无垠"，只此一舞就能将观众带入山河画卷之中，以舞绘诗，以舞绘画，更妙的是以舞绘出了这千里江山，绘出了有着几千年历史的中华文化之气魄。

在四川外国语大学举办的活动中，古典舞的表演更是展现出学生朝气蓬勃的精神风貌。传承中国舞文化，需要培养学生对中国舞的兴趣，让学生感受到中国舞传达的中国文化和中国风貌。除了培养专业舞者，中国舞还可以与学校学生的生活有所联系；除了将其作为一种高雅艺术来欣赏，大家还可以学习一些中国舞的基本知识和动作，既可以提高身体素质，还能提升气质修养。让文化走进生活，可以成为文化传承和传播的一个新的途径。与此同时，学校举办的活动中也有外国友人的参与，邀请外国的朋友一起欣赏中国舞，让中国舞走向世界的舞台，以中国舞独特的感染力吸引世界的目光。除此之外，学校也会定期举办一些比赛，在比赛中，学生可以尽情展现一身才艺，有的学生穿戴民族服饰表演民族舞，更有戏剧社的精彩戏剧表演。学生在这样的活动中可以体会到艺术的美，感受到文化的美。传统艺术的表演为校园生活增添了更加丰富的色彩，在校园青春之歌中加入了古典的旋律。

通过这样的表演，中国传统艺术与现代生活融合在一起，焕发出青春的活力，文化的光芒也将愈加闪亮。中国舞的步伐是文化的步伐，中国舞的节奏是青春的节奏。在青春的节奏中，中国舞开始走向世界，走向未来。

唱念做打，道尽古今天下事

清乾隆五十五年，三庆、四喜、春台、和春四大徽班先后入京表演，汉调、秦腔也入京献艺，在艺人们的合作交流之中，逐渐形成了人们所熟知的京剧。被誉为"国剧"的京剧可以说是中国传统艺术中最具代表性的艺术形式之一，它将文学、美术和音乐等要素相结合，构成了一套成熟的表演体系。人们熟知的生旦净丑等行当各有其程式，作为京剧基本功的唱念做打也各有其特色。《七律·赞京剧》中用了"念白抑扬含顿挫，唱腔委婉透激昂"一句来描写京剧的念白和唱腔。京剧表演者发声时，气从丹田而出，吐字铿锵有力，高低音、真假音都可运转自如。表演者举手投足间皆透出中华文化的大气，响亮的唱腔、坚定的步伐则来源于中华文化深厚的底蕴。

京剧最独特之处，还在于它所强调的虚实结合、形神兼具。虚虚实实，唱念做打之间，便已道尽这古今天下事。

古有苏三，未曾开言心内惨，诉说世间不平事；也有霸王别姬，乌江魂断离别殇；亦有贵妃醉酒，酒入愁肠情难禁……京剧表演的剧目，大都为历史故事，丰富的人物形象，宏大的故事背景，曲折的故事剧情，这些都成了京剧坚实的基础。在中国几千年的漫长历史中，有许多令人感叹的历史故事。在京剧的舞台上，这些故事仿佛在人们眼前重现，带领人们回顾那些喜怒哀乐、盛衰兴废。

2019年12月10日，四川外国语大学举办了第八期汉语角"畅游中华文化乐园"活动。在这场活动中，除了优美的古琴表演外，前京昆社社长王耀民还带来了精彩的京剧表演。京剧的唱腔和声段立刻吸引了参加活动的留学生朋友们，大家纷纷拿起手机拍照记录。表演结束后的互动环节中，还有好学的留学生朋友上台向王耀民学习京剧的步伐。活动现场的氛围轻松愉快，京剧在中外人民之间搭建起了友谊的桥梁。

留学生在学习京剧表演

全国高校京剧委员会曾指出，要以国粹净化校园，用艺术点亮人生。在现代社会，将中国传统艺术作为高校思想政治建设的引领，同实践活动结合起来是一件非常重要的事情，同时也是对传统文化传承的突破和创新。2007年成立的川外京昆社汇集了喜爱昆曲、京剧的同学们，在日常的学习生活之余，和有着共同爱好的伙伴们一起探讨中国古典戏曲，并亲身体验，演绎不同角色，体会不同人生，同学们在这个过程中获得了成长。

在古代，京剧的一词一句诉说着人间百态，当我们沉浸在京剧的世界中时，只觉浮生若梦，百转千折，每一个起伏都是一段人生，一方舞台就是一片天地。而在现代，京剧唱响于大学校园之中，经典的曲调、历史的步伐染上了青春的气息。在这里，京剧述说着过去，也将继续记录未来。

以华服谱写盛世乐章

2021年12月3日，以"'一带一路'文明互鉴：多语共生，多元共融"为主题的四川外国语大学2021国际文化节盛大开幕，丰富多样的活动尽显各国文化风采。其中，中国语言文化学院展区以香道文化展示为主，融合茶艺、古琴演奏等形式向中外学生展现了中国传统文化的独特魅力。在这届文化节中压轴出场的则是一场"汉服秀"舞台表演，身着不同形制汉服的同学们依次出场。汉之古朴、唐之飘逸、宋之淡雅、明之端庄……不同朝代的服饰文化虽各有其特色，却在这场表演的舞台上共同谱写出了一曲华服乐章。

2021国际文化节开幕式上的汉服秀

汉服，是"汉民族传统服饰"的简称。《春秋左传正义》中写道"中国有礼仪之大，故称夏，有服章之美，谓之华"，以华夏文明为中心，经过不断的演变，便形成了汉民族独特的服饰风格。

中国古代的冠服制度，是中国传统文化的重要组成部分。中国古代的服饰不仅蕴含时尚和美，同时也是等级和礼仪的象征，唐代便是以服饰颜色来区分官员的官位品级。汉服是中国传统文化的代表之一，传承中国文化，不能忽视中国传统服饰在文化中的重要地位，于是共青团中央在2018年设立了中国华服日，并在每一届华服日开展中国华服秀和华服日国风音乐盛典等多项活动，向全中国甚至全世界展示中国文化的魅力。

《中国华服日倡议书》号召青少年学习中华优秀传统文化，让符合时代潮流和需要的服饰走进生活、走进网络。以前，人们觉得汉服构造复杂，穿上行动不便，不适合日常穿着。如今，在街道上已经可以逐渐看到更多的汉服爱好者穿上喜爱的汉服上街。随着网络科技的发展，人们可以在网络上学习到更多与汉服有关的知识，汉服爱好者们也可以在网络上共同探讨汉服文化。同时，一些店铺根据原有的汉服形制，对汉服进行适当的改造，使其更加符合现代人对穿着的喜好，人们在网上也可以更加便捷地购买到店铺原创的改良汉服。虽然与传统的汉服不完全相同，但是汉服的文化切切实实随着网络进入了人们的生活中。

举办"汉服秀"的目的也在于此。这场表演不仅是为了让人们欣赏到制作精美的汉服，更是对汉服文化的展示，是传统文化在新时代创新的一种体现。国学是中国文化之根，拥有世界眼光是中国文化发展进步之源。四川外国语大学一直致力于建设国际化特色高校，开办国际文化节，能够体现高校对多元文化的包容性，更好地促进中外文化交流，并在文化交流的过程中向世界展现中华民族精神。

在这场"汉服秀"表演中，我们可以看见中华文化光明的发展前景；在国际文化节上，我们可以看见当今中华儿女崭新的精神风貌。传统文化以华服为盛世谱下序章，相信在未来，当代青年一定能够肩负传承中国文化的使命，在新时代谱写出属于自己的时代乐章。

（二）探究体验之乐

今来古往诸般事，脸谱斑斓秀万家

"粉墨春秋脸上描，风雷电闪绮纹飙。红黄蓝紫镌神圣，白绿银灰画鬼妖。"当表演艺人佩戴上精心绘制的脸谱，摇身一变，登台高呼，便化身成一个鲜活的历史人物，为观众奉上一场视听盛宴。

相传南北朝时期，兰陵王高长恭每逢出战都会戴上凶恶的面具，敌军见之胆战心寒，莫敢与敌。于是后人为了纪念其功绩，便制作出各式各样的脸谱戴在脸上。随着历史变迁，逐渐形成了后世的京剧脸谱。

2020年11月17日四川外国语大学第十四期汉语角活动在传统文化中心如期举行，中国语言文化学院2020级汉硕班第四小组全体成员以及部分留学生在这里共同度过了一个京剧脸谱之夜。

活动开始，主持人播放了《铡美案》这部经典京剧。二胡、月琴声响起，黑脸的包公、红脸的陈世美走到台前，留学生们目光交汇，被两个与常人相比造型怪异的人物深深吸引。独特的音乐扣动每一位同学的心弦，不少人都不由自主坐直身体，目不转睛，唯恐错过最精彩的一幕。主持人介绍，京剧是一种融合了唱、念、做、打的表演艺术，独特的唱词搭配音乐，需要静心体会，才能感受到其中韵律。在同学们期待的目光下，工作人员为同学们分发了绘制京剧脸谱的工具和材料，请同学们根据个人审美绘制出属于自己的专属脸谱。

　　为了加深留学生们对京剧脸谱的认识，在他们绘制脸谱的过程中，工作人员播放了《唱脸谱》这一经典歌曲。听着歌词"蓝脸的窦尔敦盗御马，红脸的关公战长沙，黄脸的典韦，白脸的曹操，黑脸的张飞叫喳喳……紫色的天王托宝塔，绿色的魔鬼斗夜叉，金色的猴王，银色的妖怪，灰色的精灵笑哈哈……"，留学生们也了解到不同的颜色代表了不同性格的人物，对于颜色的使用更加慎重，避免闹出笑话。

留学生在体验脸谱彩绘

　　留学生们在色彩的选择上，普遍采用红色、黑色等代表正面人物形象的颜色，但是也有同学使用了代表阴险、疑诈、飞扬、肃杀的人物形象的白色。一张张生动的脸谱在同学们的妙笔巧手下绘制而出，可谓是"今来古往诸般事，脸谱斑斓秀万家"。小小的一张脸谱，形象生动地概括出性格迥异的英雄豪杰、中华儿女。

在绘制好脸谱后，主持人带领留学生们进行拼字游戏，本次游戏的奖品就是精美的脸谱娃娃。留学生张永、刘佩佩、王玲花、马传健、珮苓积极参与，在经历了第一轮的吃力后，第二轮游戏速度明显提高，顺利获得了京剧之夜的奖品。

京剧是中国国粹，在悠久的发展历程中，成为世界文明大花园中一朵璀璨的奇葩。而京剧的辅助道具——脸谱，同样蕴含着中国智慧，是京剧演出必不可缺的一环。留学生们通过对京剧脸谱的绘制，揭开了中国京剧神秘的面纱，对京剧产生了浓厚的兴趣。

七宝画团扇，灿烂中国魂

"素是自然色，圆因裁制功。飒如松起籁，飘似鹤翻空。盛夏不销雪，终年无尽风。引秋生手里，藏月入怀中。"三两句诗，道出了诗人白居易手中羽扇的典雅精巧以及诗人轻挥羽扇时的飒爽风姿。

扇子起源于中国殷代，距今已有3000多年的历史。从起初以五色鸡毛编制而成用以为帝皇出行时遮挡风尘的障扇发展到汉朝时文人墨客用以纳凉的羽扇，再到闺阁仕女歌舞时持在手中形如明月点缀绣画的纨扇，种类丰富，用途多样。

中国的扇子不仅有广泛的使用价值，更蕴含了深刻的文化内涵。历史长河中，多少才子佳人、英雄豪杰因扇子而留下了一段段脍炙人口的佳话。赤壁之战中，诸葛亮轻挥羽扇，运筹帷幄，妙计横生，数十万曹军葬身火海。秦淮河上，柳如是手执折扇，巧笑倩兮，引得无数英雄折腰相请，争做入幕之宾。

为了帮助留学生体悟中华扇文化，四川外国语大学中文学院2019级汉语国际教育专业硕士同学们在学校中国文化体验与研究中心举办了第三期汉语角活动。

活动中，工作人员把白色无图案的扇子以及各色颜料和画笔分配到留学生手里。分发过程中，主持人向同学们介绍，每一把空白的扇子上都蕴含了无限的可能，请同学们根据个人爱好自由发挥，可以在扇子上面题字作诗，也

留学生们在中国学生带领下绘制中国扇

可以在扇子上面信手涂鸦，亲手创作出适合自己的扇子。

绎思挥彩笔，山海置眼前。同学们手执五色画笔，认真修饰自己眼前的扇子。扇子上的画作类型多样，各不相同，展现了不同的学生独特的个性和审美。这柄扇子着红色，仅三两笔，一位英姿飒爽的红袍女子跃然而出，手持三尺青峰，翩若惊鸿，矫若游龙，非木兰在世，平阳当面莫可比也。那柄扇子间以黑白二色，点缀几点粉红，勾勒出一副"桃花灼灼有光辉，无数成蹊点更飞"的别致春景。

绘画结束后，几位同学被邀请到台上介绍自己对色彩、图案选择以及搭配文字的思考。在不同的文化中，颜色有着不同的寓意，同学们所绘制的人物也各有一段属于自己的传奇经历。通过台上几位同学的介绍，我们不仅领略到了不同

国家的文化中对于颜色的认识，也了解到了不同的人物故事、神话传说。

活动结束后，留学生们表示，没有想到中国的扇子上面还藏着那么多的"门道"，他们对中国文化的认识更进一步。同时，还有部分同学表示，对国画产生了兴趣，希望可以有机会学习国画。

七彩画团扇，灿烂中国魂。一把小小的扇子，将古今人物、佳作名篇、苍茫大地、山海人间尽收其中，承载了悠悠千年的中华文明，也展现了持扇者的精神情趣。通过本次活动，留学生们从中感悟到了中华文化的魅力。

灯火阑珊皮影戏

如果有一种艺术可以称作"三五步走遍天下，七八人百万雄兵。咫尺地五湖四海，几更时万古千秋"，那么一定非戏剧莫属了。戏剧中有一个分支，叫皮影戏，辅以灯光音乐，便可演绎千秋往事，令人拍案叫绝。

相传两千多年前，汉武帝爱妃李夫人染疾故去了，武帝思念心切、神情恍惚，终日不理朝政。大臣李少翁一日出门，路遇孩童手拿布娃娃玩耍，影子倒映于地栩栩如生。李少翁心中一动，用棉帛裁成李夫人影像，涂上色彩，并在手脚处装上木杆。入夜围方帷，张灯烛，恭请武帝端坐帐中观看。武帝看罢龙颜大悦，就此爱不释手。

2019年10月22日，四川外国语大学中文系2019级汉语国际教育专业硕士同学们，在川外的中华文化体验中心举办了第二期汉语角活动，本期汉语角就引入了皮影戏的制作和演绎。

活动开始，工作人员为留学生们介绍了皮影制作的八个步骤：选皮、制皮、画稿、过稿、镂刻、敷彩、发汗熨平、缀结合成。因时间有限，工作人员已经预先完成了前面两个步骤，为每一位留学生都准备好了可以直接开始画稿的材料，发放到大家手中。看着眼前的材料，由于之前从未接触过皮影，留学生们表示他们感觉皮影是一个很神秘的事物，难以想象小小一块皮影可以演绎出精彩的戏剧。

正所谓："耳闻之不如目见之，目见之不如足践之。"主持人请同学们自由组队，制作出皮影并创作一个独特的短剧为大家表演。半个小时的时间，一位位历史中的人物从同学们的手中跨出书本，落到了桌面：泰国同学还原了慈眉善目的如来，英国同学制作了美艳动人的昭君，韩国和多哥

留学生们在中国学生带领下绘制皮影

的同学们镂刻出飘然出尘的剑客李白的形象。

在令人期待的展示环节中，主持人邀请了三组同学展示他们的故事。当工作人员熄灭教室所有灯光，丝竹管弦声响起，同学们仿佛冲破千年时空，涉足黄沙大漠，看到了昭君为保汉家江山、促进民族和谐稳定不远千里奔赴塞外联姻的车队。灯火阑珊，皮影飞舞，演绎出一位不一样的昭君。正如周杰伦的歌中所唱"皮影似神仙，我声轻如燕，你面前忽隐又忽现，飘逸在云和雾里面，傲气贯山巅，随性唱一遍变

留学生展示的皮影戏

世代传承的经典"。

留学生们对中国历史故事的创意改编不仅表现了他们对昭君"一去紫台连朔漠，独留青冢向黄昏"悲剧的惋惜之情，也表现了他们对于世界各民族团结一心、共建地球村的人类命运共同体意识。活动结束后，主持人鼓励留学生们将自己国家的传奇故事进行改编，通过皮影的方式展现给大家，让大家领略不同国家文化的魅力。

火树银花鱼龙舞，正是一年元宵日

"东风夜放花千树。更吹落、星如雨。宝马雕车香满路。凤箫声动，玉壶光转，一夜鱼龙舞。"自古元宵节便是中华民族的重要节日，每逢元宵家家户户都会点上灯笼，齐聚一堂品尝元宵。多少文人墨客为元宵节写下脍炙人口的传世佳作，更加使元宵节成为每一个漂泊在外的迁客游子精神的寄托。

元宵节前夕，四川外国语大学精心筹办了联欢活动，邀请汉语国际教育专业硕士班学生、留学生及外籍教师代表到中国传统文化体验与研究中心共同庆祝元宵佳节，感悟中华传统文化的魅力。活动分为赏花灯、写对联、包汤圆三个环节。

词人辛弃疾在《青玉案·元夕》中写过一句话："众里寻他千百度，蓦然回首，那人却在，灯火阑珊处。"无独有偶，欧阳修也曾写道："去年元夜时，花市灯如昼。月上柳梢头，人约黄昏后。"可见，元宵节的魅力就在于五光十色的花灯，营造出炫彩迷人的氛围。此时，最适合与心仪女子漫步其间，互诉衷肠。也正是如此，元宵节又被称为情人节。今天的传统文化中心虽然没有花灯的浪漫，却充满了

中外学生亮起了自己绘制的灯笼

灯笼的典雅精巧。主办方为活动参与者们发放了五光十色的灯笼，表达了平安与美好的祝福。

　　将灯笼置于桌子一角，中国学生教留学生对联的制作技巧。正所谓"千门万户曈曈日，总把新桃换旧符"，对联寄托了书写者对来年美好的祝愿和希冀，因此贴对联是每年春节必不可少的项目。中国学生和留学生们共同为汉语角制作了一副对联："汉语角广纳群英会，朝天门喜迎天下客。"表达了大家对于中外友谊长存、共建共享和谐世界的美好祝福之情。

　　吕原明的《岁时杂记》提道："京人以绿豆粉为科斗羹，煮糯为丸，糖为䭀，谓之圆子

中外学生展示自己亲手书写的对联和春节祝福语

盐豉。捻头杂肉煮汤，谓之盐豉汤，又如人日造蚕，皆上元节食也。"到南宋时，就有所谓"乳糖圆子"的出现，这就是汤圆的前身了。在手持对联合影结束后，同学们迎来了千呼

中文学院院长周文德示范教留学生包元宵

万唤的包元宵环节。同学们有模有样地学习如何揉搓面团，将成果煮熟，品尝着中国传统年味儿的甘甜。"桂花香馅裹胡桃，江米如珠井水淘。"乒乓球大小的元宵不仅软糯可口，更有深刻的象征意义。学校通过元宵向留学生们表达了大家共同属于四川外国语大学这个大家庭之意。

活动在欢笑声中落下帷幕，凛冬的寒风今天也悄悄隐藏踪迹，无处寻觅。同学们手持一个个灯笼结伴走出会场，灯笼的烛光与天上皓月交相辉映，照亮了半边夜空。此时，神州大地万家灯火通明，共同庆祝上元佳节。有诗云："火树银花鱼龙舞，正是一年元宵日。"时代变迁不会埋没传统文化中真正的瑰宝，"吹尽狂沙始到金"。元宵节这样的传统节日不断被赋予新的时代内涵，绽放出更闪耀的光辉。

国际学生游重庆，体验地域特色文化

为了推动中华优秀传统文化走向世界，四川外国语大学还举办了许多独具特色、趣味盎然的中华传统文化活动，给学校留学生留下深刻印象，使之获得丰富的文化体验，更深

切地体悟到我国传统文化的魅力。

2017年3月18日，学校组织18名留学生赴重庆长寿湖畔参加名为"花朝大典"的中华传统礼仪体验活动，金发碧眼的留学生挽着优雅的发髻，穿着庄重的汉服，优雅端庄的仪态引来游客赞叹不已。

18名留学生在重庆长寿湖"花朝大典"上体验汉服的魅力

2018年12月26日下午，四川外国语大学外国留学生新年联欢会在图书馆学术报告厅举行。副校长李小川、全校来华留学生及留学生部教师参加了活动。联欢会

李小川副校长在联欢会上为政府奖学金获得者颁奖

由韩国留学生李成德和俄罗斯留学生玛丽娜主持。泰国学生一曲《欢乐舞》拉开了此次联欢会的序幕。多语种歌曲演唱、小品《留学生部的日子》、吉他弹唱《灰姑娘》、歌曲联唱《等待着你》和《小幸运》、舞蹈《TakiTaki》等节目精彩纷呈。抽奖环节更让现场气氛十分活跃。

联欢会上，副校长李小川为获奖学生代表颁发了2018年重庆市人民政府外国留学生市长奖学金证书以及四川外国语大学校长奖学金证书；留学生部主任张泽民颁发了2018年四

川外国语大学"我在中国"留学生征文比赛获奖证书。

俄罗斯下诺夫哥罗德国立语言大学孔子学院学生体验汉服

2019年10月20日，俄罗斯下诺夫哥罗德国立语言大学孔子学院举行中国传统服饰展和真人秀活动。百余名中国传统文化爱好者到场听讲座，试穿传统服饰并合影留念。

我校外教在巴南区界石镇巴南区文化和自然遗产日体验包粽子

2019年6月6日上午，我校3名外教及23名留学生应邀参加由重庆市委宣传部、市文化和旅游发展委员会，巴南区委、区人民政府主办，在巴南区界石镇新界商街举行的"我们的节日·端午"——巴南区文化和自然遗产日·老外@ChongQing体验非遗2019活动。

界石镇党委书记卢黎明致辞后，大家一起观看了梆鼓舞《谷子熟了》和木洞山歌《闹酒》等具有当地特色的非遗节目。随后，外教和留学生学习了包粽子并分组参与了旱地龙舟比赛。此外，他们还体验了其他具有端午特色的传统文化活动：打鼓、喊号子、敲梆子和舞龙等。最后，大家还收到了主办方精心准备的小礼品。

参加此次活动的外教和留学生怀着极大的热情，积极体验各种文化活动，表示这种活动十分有意义，让他们开阔了视野，亲身感受到中国传统文化的博大精深，可谓寓教于乐，受益匪浅。

三、以"文化认同"为旨归

（一）我叫诗丽，我爱中文

"千万里，我追寻着你，可是你却并不在意，你不像是在我梦里，在梦里你是我的唯一……"，耳旁总是响起这首中国歌曲。

我叫张诗丽，是一名来自泰国的留学生。

2020年的初春，我顺利完成了在川外学习中文的相关课程，选择回到了泰国。

几经波折，我终于踏上了回国的旅程。但这次的求学之旅并没有实现我的翻译理想。我知道，有一天我一定会再次来到中国，继续学习汉语。让我意想不到的是，在我离开的这四年里，中文教学已经在泰国发展得如火如荼。我看到清莱出现了很多的中国餐厅和学校，甚至幼儿园都已经开始教

2020年6月，张诗丽回国后在大学学校拿到毕业证书

授中文，越来越多的泰国家长希望自己的小孩会说中文。我也暂时选择在泰国做一名中文教师。

就这样，我开始在泰国的一所学校担任中文老师。中文教师的工作可以帮助更多人学习中文，虽然有意义，但我始终没有忘记我的翻译梦。所以我还一直关注着大使馆的消息，期待后面有机会可以回到中国，继续学习中文。

过了几个月，我突然在脸书上看到有泰国留学生代表正在统计目前在中国留学的泰国留学生人数。我密切关注着他们的消息，期望后面能看到有出国留学的消息。终于，同年的9月，群里发布了去往中国留学人数统计消息。我仿佛看到了一丝希望，迅速上报了我的情况，并积极配合志愿者统计信息。同时，为前往中国学习作准备，打疫苗、联系学校等。

申请前往中国学习，需要先在大使馆报名，大使馆筛选后发给中国教育部，教育部发给重庆市，重庆市通知学校。其中任何一个环节出了问题，我的申请都会白费。经过近两年的努力，终于在2022年1月份有了结果，我的名字出现在了第一批通过名单上。突如其来的好消息让我不敢相信，感觉自己长期的努力和坚持是没白费的。我相信有一天我会重新回到川外学习，现在终于可以实现了。我再次打电话给学校确认。学校回复确实通过了我的审核，后续也会尽快办理我的返校证明。

2022年3月，摄于四川外国语大学门口

2022年2月中下旬，一切准备妥当，我怀着激动的心情登上了飞往中国的航班。到这时，我已经为这次留学努力了两年。这趟航班，对我来说，更像是实现理想的航班。

23号凌晨，飞机在晨色笼罩中抵达上海，我开始在上海的酒店上了一段时间网课。结束隔离后，我终于再次站在了川外的校门口。

现在，我已经在学校开始正常的学习生活，但我只是3000多个申请者中的幸运儿，能够得到多方帮助再次来到中国学习。但我知道，后续肯定会有更多像我一样热爱中文的人，排除万难来到中国学习中文。

张诗丽随访

张诗丽，四川外国语大学中国语言文化学院2021级语言学及应用语言学专业硕士研究生。泰国留学生，中国政府全额奖学金获得者，主持和参与多项留学生项目。

Q：你还记得第一次来中国的情形吗？

A： 当时是一个学姐来江北机场接的我，我记得当时我们打车回川外。在出租车上，司机问学姐要不要开空调。当时

我感觉就是他们说话太快了，我完全听不懂。他说的是重庆话，我就感觉他们说的话和我学的普通话怎么不一样？路上人特别多，路都是堵的，特别是周末。我们那边的路上不会有这么多人，并且路上有很多男生，我们那边男生很少……

Q：在川外住了一段时间之后，有什么其他的感受？

A：这里交通特别方便，可以坐地铁呀，坐公交车，而且也不贵。在泰国，车需要等很久，大概半小时才会来一辆。不习惯的是重庆就是爬坡嘛，泰国那边没有那么多的坡，每次出去就很累。还有那时候吃饭也不习惯，重庆饭菜里面有很多辣椒，我不能吃。而且我们那边是用勺子吃饭，这里是用筷子，当时也不怎么会用。我们留学生一起去吃饭，平时都问他们有没有勺子。在川外最开始的两个月，爬坡不习惯，吃饭也不习惯，所以瘦了很多。

Q：在重庆生活了多久才开始习惯这边的生活方式呢？

A：一学期吧，差不多半年。我觉得中国人是比较准时的，约定了时间，不会迟到。我还知道"网红打卡"，很多中国人就是，就是经常去那种网红店打卡。如果是我的话，如果路过我就去一下，我没有专门为了去打卡而去尝一下，如果好吃或者好喝，我下次再来，如果不行，一般我就不去了。还有，我觉得中国人比较委婉，不像我们那边有时候就比较直接一些。在这里的话，你说话的时候要想好，不要让对方误会你的意思。中国人在学习方面或者工作方面很认真，我们那边的话就比较轻松一点。

Q：在学习过程中你有一些印象深刻的事情吗？

A：我觉得古代汉语特别难，有时候两三个词可以翻译成很长的一个句子，并且他们和现代汉语的意思完全不一样，所以学习起来很难。但老师在讲古代汉语的时候，我又觉得里面的故事很有意思，之前我学习过一篇《劝学》，讲的是老师鼓励学生努力学习。老师为了让学生学习，把学习比喻成了很多东西，说明学习的重要性，我终于知道为什么中国的学生这么卷了。

Q：周末一般做什么？

A：周末就好好休息，看自己喜欢看的中国节目。有时候学校也会组织一些到其他地方的体验活动，比如最近去武隆，感觉跟上次去不一样。这次去大田湿地人家，体验湖港荡舟，学打太极拳，看他们做豆干。还参观了田家寨仡佬族民俗文化博览馆，体验蜡染。也希望下次还有这样的活动，可以体验到农家人的生活。

Q：你后打算从事什么工作，有什么打算吗？

A：因为我想当一名翻译员，我会先找翻译工作吧，就翻译中泰的那种。如果不行，找不到的话，我也可能会在一所大学当泰语老师，然后以后就可能住在这里了。就先住在中国，然后想家的话就回家，看一下家人。这里已经变成我第二个家，我回泰国的时候就感觉自己的家不像小时候的家，那种感觉就像我去那里玩了一下。但是你回到中国就感觉，哦，这就是我的家。可能是在这里很久了，已经习惯这里的环境，这里的食物，这里的生活方式。回去自己家反而不太习惯，各个方面都不方便。

（二）心系中国，助力抗疫

2020年初，新冠疫情牵动着我校中文系留学生和留学生校友的心，他们自觉地行动起来，通过捐献口罩、代购代寄防疫用品等各种形式，积极参与到我国的疫情防控阻击战中，展现了川外留学生的优秀品质和责任担当。

"我是中文系的学生，我爱川外呀！"

2020年2月1日，我校留学生部收到泰国学生罗天才委托中国朋友转赠的一次性医用口罩500只。就在其后两天内，罗天才通过另外一位中国朋友向重庆多名需要口罩的同学及朋友赠送了500只口罩。这些口罩的及时送到解决了许多人的燃眉之急。

2019年3月，泰国留学生罗天才（2016级语言学及应用语言学专业硕士研究生）摄于四川外国语大学景观大道

感谢信

罗天才同学：

　　您好！

　　您捐赠的口罩我们已收到。在此，我谨代表留学生部全体师生对您的善举表示衷心的感谢。您的慷慨解囊必定增强我们战胜疫情的信心。

　　目前，疫情肆虐，但我们团结一心，众志成城。我们坚信一定能战胜病魔，迎来美好的明天。

　　再一次对您的捐赠表示感谢！

　　祝您工作顺利，身体健康！

张泽民

留学生部主任

2020 年 2 月 1 日

2020年2月，留学生部给泰国留学生罗天才的感谢信

罗天才是我校中文系2016级语言学及应用语言学专业硕士研究生。听说川外防疫物资紧缺的消息后，心系母校的他随即拜托自己在清迈的朋友一起帮他寻购口罩。由于清迈有大量中国游客抢购口罩，所以在清迈订购口罩已十分不易。罗天才和朋友一起在工作之余几乎寻遍清迈的每家药店，在一周内成功订购到1000只一次性医用口罩。

为了确保口罩第一时间运送到中国，他动用自己的一切人脉资源寻找能把口罩直接带回重庆的人。得知罗天才的善举后，他的一名客户大为感动，慷慨答应帮罗天才把口罩带回重庆。

当口罩运到重庆后，罗天才又委托自己的两名重庆朋友把口罩赠送给母校川外和中国朋友。当问及他为什么这么做时，罗天才用流利的汉语回答说："我是中文系的学生，我爱川外呀！"

"我总是以为自己是个中国人！"

苏馨懿是我校中文系2017届汉语言文字学专业硕士毕业生，在泰国是一名自由职业者，主要从事汉泰翻译工作。

苏馨懿虽然毕业已经快三年了，但她一直心系中国，想念重庆，经常利用来重庆出差之机到川外探望老师。当得知湖北多家医院急需防疫物资时，她便一边四处募集善款，一边跑遍曼谷及周边城市的多家药店购买口罩。在短短的一个星期内，苏馨懿就购买到了26000余只一次性医用口罩。虽然在订购口罩的过程中非常辛苦，但苏馨懿却开玩笑地说比找到男朋友简单多了。

口罩买好后，怎么迅速运到中国又是苏馨懿面临的一大难题。当时泰国的EMS、DHL、顺丰等几家做国际快递业务的公司已经暂停营业。苏馨懿想通过自己坐飞机以行李托运形式带到中国，但航空公司却因她携带的口罩数量太多而拒载。经过多方打听，一个做国际货运的公司愿意帮苏馨懿把口罩运送至成都，但要收取高达15000元的费用。为了尽快把口罩运至中国，苏馨懿还是忍痛交了这笔钱。

2020年2月，泰国留学生苏馨懿在朋友圈为武汉抗疫祈福

口罩运到中国的问题解决了，但是中国国内没有接货人。"有没有在成都的朋友，帮忙收货寄中国邮政到武汉一下，拜托！"2月3日晚上，苏馨懿通过微信向身边的朋友发出了这样一条信息。

看到苏馨懿的求助信息后，她中国的老师和朋友帮她牵线搭桥，最后联系到一位热心人士在成都国际机场转寄口罩。

按照苏馨懿的意愿，口罩安全抵达成都后，25000只捐赠给了急需口罩的湖北竹溪市人民医院，另外1000余只通过重庆的一名老师转赠给了有需要的重庆人。

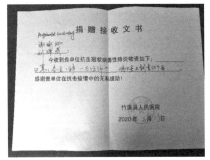

2020年2月，泰国留学生苏馨懿捐赠抗疫物资

在运输的纸箱侧面，苏馨懿写上了"武汉加油，中国加油""重庆加油，我想你了"等字样。问起缘由，苏馨懿说她虽然是泰国人，但却有着深深的中国情结。她说在中国留学多年，是中国的老师和朋友的关心与照顾让她成长起来，中国有着她太多的美好记忆。当被问起怎么看待自己时，苏馨懿说"我总是以为自己是个中国人，只是自己太黑了，怎么看都不像。"

2020年2月，泰国留学生查哟抗疫祈福

"口罩都是走路去买的，哪有什么交通费。"

查哟是我校中文系2019届汉语国际教育专业硕士毕业生，现在印尼普拉维加亚大学教授中文。

"我们在这里能买到口罩，老师您需要吗？"2020年2月3日早上我校中文系张老师收到一条来自查哟的信息。原来，查哟听到中国国内疫情肆虐的消息后，心系母校川外，想通过张老师向川外奉献自己的一片爱心。张老师调查后发现我校多名老师急需口罩，并把这一情况反映给查哟。

面对印尼同样紧缺口罩的困难，查哟跑遍玛琅、泗水等印尼南部几个城市，又托朋友四处寻找，终于买到了1000只一次性医用口罩和20只N95口罩。为了节约开支，留下更多的钱买口罩，查哟几乎都是步行去药店。

对于这些口罩，查哟本想无偿赠送给川外的老师。但老师们考虑到查哟家庭本就十分困难，又了解到查哟的工资不高，坚持要把购买口罩的费用支付给查哟。经过多次商量，查哟只同意收下买口罩的钱，交通费自己承担。

泰国留学生查哟捐赠口罩微信截图

他笑着说："口罩都是走路去买的，哪有什么交通费。"

病毒无情，世间有爱！我校中文系留学生和留学生校友用他们的爱心之举回馈中国、助力抗疫，用实际行动展现了我校中文系学子的责任、使命与担当！

（三）山城重庆，体验巴渝

2022年1月25日下午6时，由教育部中外语言交流合作中心（简称语合中心）主办、四川外国语大学中国语言文化学院承办的2021汉语桥"山城重庆"线上团组冬令营开营仪式在我校顺利举行。冬令营开营仪式采取线上线下结合的形式。来自8个国家的193名学员将在线参与由我校老师教授的线上语言课程和文化专题讲座，了解中国文化，体验巴渝魅力。其中有187名学员完成了所有学习任务，顺利结业。线上课程

我校副校长祝朝伟致辞并宣布"山城重庆"冬令营正式开营

从重庆的旅游资源、民俗美食、巴蜀文化、城乡振兴、影视基地、国际友好外交等多个方面立体宣传直辖市重庆的改革开放成果，传播中国优秀文化。根据"汉语桥"反馈数据显示，学员们对此次课程满意度达到了97.4%。

四川外国语大学副校长祝朝伟在致辞中高度肯定教育部语合中心"汉语桥"的文化交流项目。他热情洋溢地说道："川外在教育部中外语言交流合作中心的支持下，曾与多个国家的孔子学院举办过多届夏令营活动，我校的中国语言文化学院也举办过好几届泰国学生汉语文化夏令营活动，这些活动都得到了中外朋友的一致好评、增进了友谊。"他表示这样的活动对四川外国语大学国际合作交流事业、对国际中文教育专业学科建设来说，都是一件非常有意义的事情。此次"山城重庆"冬令营依托重庆地域特色，向世界立体真实地讲述中国故事、展现重庆的发展。在致辞里，祝校长深情地寄语此次冬令营所有学员学有所获，并希望学生们有机会来重庆感受这座山城的魅力，了解巴渝文化魅力，也真诚地欢迎学员们在疫情好转后来中国、来重庆、来四川外国语大学学习中文。

泰国批里亚来中学副校长Santi Awanna正在致辞

汉语桥"山城重庆"2021冬令营招生宣传片片头

　　四川外国语大学中国语言文化学院周文德教授在闭营仪式上致辞。首先，他感谢教育部中外语言交流合作中心、四川外国语大学国际合作交流处、信息技术中心的大力支持和帮助；感谢参与此次冬令营老师们与学生志愿者的辛苦付出。其次，他对学员们取得的成绩表示热烈祝贺，希望学员们继续保持学习汉语的热情，用自己的力量将汉语桥变成语言、文化、友谊和心灵之桥。"百闻不如一见"，周文德教授最后说，"期待并欢迎学员们今后到四川外国语大学学习中文，进

泰国帕府省立体校学员表演舞蹈功夫扇《芒种》

泰国乐达那古信莎拉雅中学学员表演扇子舞《青花瓷》

一步感受中国文化的魅力"。

在闭营仪式上，不同国家、不同语言水平的学员们展示了自己的学习成果。闭营仪式主要包括学员成果汇报、冬令营优秀学员表彰以及川外中文学院学生交流节目等内容。泰国乐达那古信莎拉雅中学学员表演了扇子舞《青花瓷》，泰国批里亚来中学的学员们带来了舞蹈《泰北兰那撒花舞》；泰国帕府省立体校学员表演了舞蹈功夫扇《芒种》。学员们的表演丰富精彩，形式多样，给观者带来了一场视听盛宴。8位学员获得了"汉语桥-山城重庆冬令营优秀学员"的表彰。他们分别是Mr.ThanathipSukontaphan（泰国）、Miss. Nattawan Yao（泰国）、Mr.JirayuPoonrod（泰国）、Miss.Chou-tikaTangchai（泰国）、Mr.PanitanSanguanwan（泰国）、Le Thi Ngoc Duyen（越南）、Kobayashi Akiko（日本）和Azad Tasnim（孟加拉国）。

此外，川外中文学院学生代表吴月表演了精彩的古筝曲《将军令》，杜静雯表演了舞蹈《青城山下白素贞》。来自日本的学员小林亚纪子作为学员代表发言并声情并茂地朗诵了中文诗歌《乡愁》。她在发言中说道："经过这次冬令营的学习，让我领略了山城重庆的魅力，学到了中国现代诗歌朗诵，并且深刻体会到了中文诗歌朗诵的魅力。"她深情地说："疫情结束后，我一定要亲自去山城，去四川外国语大学拜访老师们，衷心感谢川外的老师们和同学们在学习过程中给予我的帮助和指导。"她表示会坚持学习中文，希望成为中日友好交流的桥梁和纽带，让更多的日本年轻人感受到中国文化的魅力。

川外中文学院学生吴月演奏古筝《将军令》

日本学员小林亚纪子朗诵诗歌《乡愁》

为了提升学生的参与度和体验感，我校中国语言文化学院和国际学院的老师和同学们精心筹备，完成了"重庆的山水、重庆的美食习俗、重庆的教育、重庆的旅游资源"等十个特色文化专题讲座，专门制作《重庆的发展》《重庆的夜景》《重庆的立交桥及轻轨》等系列视频，以及9个课时实用的语言课程。在闭营仪式上，全体学员也欣赏了老师们精心准备课程中的一些逗趣花絮。

　　线上闭营仪式的成功举办为"汉语桥——山城重庆"冬令营活动画上了圆满句号。在疫情防控常态化背景下，此次线上冬令营活动通过内容丰富、形式多样的云课堂、云讲座、云体验，让外国学生在疫情期间仍能较好地领略重庆的城市文化魅力；汉语桥冬令营活动起到了向外宣传城市形象、传播中国文化、搭建中外友谊之桥的重要作用。

04

第四章

双创平台锻造
实践能力

引　言

　　这是一群心怀家国，执着追梦的川外中文人，这是一群坚守初心，敢闯会创的川外中文人，这是一群不畏荆棘，勇创佳绩的川外中文人。他们是中国语言文化学院（简称中文学院）师生双创团队。十三年来，中文学院双创团队深怀家国热爱，在创新创业的生动实践中传承中华优秀传统文化，赓续文化血脉。十三年来，中文学院共获得双创省级及以上竞赛荣誉320多项（其中高水平双创竞赛奖近280项），其中国家级竞赛荣誉近30项，占全校双创省级获奖总数的60%以上。

　　自2010年以来，中文学院双创团队获省级以上双创竞赛荣誉人数超过1000人次。十多次刷新学校双创省级以上获奖纪录，目前保有学校7项国家级、省级最高获奖。标志性获奖成果有："新桃换旧符"（DIY小组）团队获第七届全国大学生电子商务"创新、创意及创业"挑战赛总决赛特等奖，是学校目前所有高水平双创赛事的最高获奖（评奖面万分之五）；"龙凤呈香"工作室和"踏风行耘"两个团队获第十一届全国大学生电子商务"创新、创意及创业"挑战赛总决赛国赛一等奖（评奖面万分之五），创我校三创赛国赛一等奖总获奖数纪录。"汉语帮—职业中文教学平台"获第十五届iCAN全国大学生创新创业大赛总决赛三等奖，此项获奖是近五年来我校研究生在创新创业类竞赛中首次获得国家级荣誉，取得获奖新突破；"美食美客"团队获第三届中国"互联网+"大学生创新创业竞赛重庆市金奖（评奖面千分之四），为我校"互联网+"大赛最高获奖。2018年全国首届高校创新创业教育精品展决赛，美食美客团队和众多理工类名校竞争，获得总决赛三等奖，为外语类高校唯一获奖；2016年重庆市第七届科慧杯研究生创新创业大赛，寸草汉青团队进入全市前八强，获市级二等奖，实现我校科慧杯获奖零的突破；2014年创青春大学生创业计划竞赛，绿野仙踪团队获全国总决赛铜奖，为我校创青春国赛获奖首例。

成绩的背后是自2010年起，十三载川外中文双创人的探索与奋斗，十三载川外中文双创人的执着与坚守，十三载川外中文双创人的心血与梦想，更是一段段刻骨铭心的师生情分，双创故事。

一、优秀传统文化+创新创业教育的探索

"中华优秀传统文化是中华民族的文化根脉"，具有永恒的生命力和最深沉的力量。川外中文学院以"国学根柢、世界眼光"作为院训，积极培养学生的文化传承，守护中华文脉，培养学生在对中华优秀传统文化的热爱与坚守中，与时俱进，开拓创新。"从历史中走向未来，在开拓中不断向前"，千山万水，勇往直前，让青春的力量与担当在创新传承中华

优秀传统文化的生动实践中熠熠闪光。十三载岁月，敢闯会创的川外中文人，初心如磐，书写了一份结合所学专业，在创新创业教育的实践中传承守护中华优秀传统文化，赓续文化血脉的生动答卷。

（一）缘起与初心

时光倒回到2010年8月，正逢川外中国语言文化学院（原中文系）进行本科生人才培养方案改革，如何适应时代特点培养具有创新实践能力的一流国际中文人才，成为学院教育教学改革的重点。在学院领导谭代龙老师和卢玫老师的关心指导下，学院在应届大四学生中开展了深入调研，毕业年级辅导员老师通过一对一谈心，详细了解同学们考研就业中存在的困难。在针对毕业生年级学生的调查中，学院发现学生普遍存在不知理论和实践能力如何更为紧密结合的能力难题，进而影响他们的就业和职业发展。也是在这一年，教育部下发《关于大力推进高等学校创新创业教育和大学生自主创业工作的意见》，文件指出："在高等学校开展创新创业教育，是深化高等教育教学改革，培养学生创新精神和实践能力的重要途径。"

正是在这一背景下，自2010年9月起，中文学院在全校率先结合学校特色和专业特点，以助力学生生涯发展为初衷，以培养学生创事业、创未来的广义双创教育理念为指引，将"专业教育、思想政治教育与双创教育"（简称"专思创"）深度融合，创新构建铸魂育才的"优秀传统文化+创新创业教育"的双创教育体系，推出"未来与发展"和"双创专家论坛"系列实践育人讲座，革新实践教学组织模式，助力学子有如诗如歌如梦的未来，培养具有中国情怀、国学根柢、世界眼光、创新能力的一流国际中文人才。

（二）探索与实践

自2010年9月起，根据教育部推进就业创业教育的文件精神，回应传统中文类人才培养的实践难题，中文学院以双创课程建设为主渠道，同步推进双创实践活动、师生双创学习共同体、双创竞赛体系、双创激励保障机制和双创师资等方面的建设与改革，建立"专思创"三融合"优秀传统文化+创新创业教育"双创教育模式。其中"专思创"内涵为："专"指专业素养，即外语院校的国际化办学定位和中文专业优势；"思"指思想素养，即价值塑造，强调培养家国情怀和中国风格的人文素养；"创"指创新素养，即广义的"双创"教育理念，亦即"创人生、创志业、创伟业"的价值理念。

十三年砥砺的"优秀传统文化+创新创业教育"双创教育模式，以"思想铸魂""实践育才""双创赋能"为鲜明特色。思想铸魂，坚守"立德树人"根本，将思想政治教育"寓"于实践教学全过程，赓续红色血脉；实践育才，坚持"专思创"融合，围绕优秀汉语国际教育人才所必备的中文基础、对外汉语教学技能、中华才艺素养和研究创新能力等核心能力，重塑教学体系和教学组织；双创赋能，以广义双创教育为特色，以"师生共同体"深耕双创，提升学生基于专业的创新创造能力。

具体而言，多年来，学院坚持了这样的教育教学改革：

第一，建立"专思创"融合型创新创业教育课程体系。坚持以课堂教学改革创新为核心推进创新创业教育和创新创业竞赛组织，探索专业教育与创新创业教育的有机融合。分大学学习阶段开设双创通识课、专创融合示范课、双创实践课、双创竞赛实训课等四类课型，建立并完善双创教育"阶梯式""立体化"的课程体系。首先，推进通识必修课"创新创业导论""大学生创业教育""新文科专创融合训练与实践"课程建设，深入实施"课程思政"教学改革，融思想政治教育于创新创业教育，融德育元素于课堂教学，以教师的无私奉献，身体力行践行"课程思政"。其次，重点做好专创融合型课程的改革创新，在专业选修课"语言与文化""地名与文化"中有机融入创新创业教育元素，培养学生基于专业发现问题、解决问题的实践能力。再次，建好双创实践课，着力推进学生双创实践模拟训练，与实习基地合作，开展实习实训等实践活动，校企合作建设"'互联网+'汉语国际教育实践"课程；最后，推动"赛课合一"型竞赛实训课的创新与完善，以课堂为主渠道培育中国国际"互联网+"大学生创新创业大赛参赛项目。

第二，建设"专思创"融合型系列实践活动。以"专思创"理念为指导，根据本专业学生必备的核心能力和创新素养，科学设计对应的实践活动，培养相应的实践能力。依托学院"传统文化体验与研究中心""汉语国际教育与创新人才培养中心""国学与传统文化技能实训基地""双创教育中心"等教学实践基地和教研机构，开展"中外文化交流月""戏剧之夜""汉语角""重庆地名大会""双创大赛""传统文化庙会"等近10项传统文化精品实践活动。通过广泛多样的实践活动，激励学生将创新想法付诸于创新实践，孵化高水平双创竞赛成果。

第三，构建"师生双创学习共同体"，聚焦学生个性化发展。依托双创实践活动和双创大赛，组建师生双创学习共同体，在双创实践教学中真正实现以学生学习为中心，实施个性化教学。具体来说，在课后，由1-2名教师和3-5名学生组成学习共同体小组，由教师指导学生选题做调研，参与双创实训和双创竞赛。在双创指导中，高度重视因材施教，强调以学生为主体，满足学生的个性化学习要求。同时充分发挥"本科生导师制""研究生导师制""朋辈教育"作用，强化师生互动、生生互动，探索精细化指导学生。在教师对学生全程一对一的精心指导中，温润每名学子成长路，助力他们实现个人更高价值的成长。

第四，建设"专思创"融合型创新创业竞赛体系。根据中文专业特点，构建以中国"互联网+"大学生创新创业大赛为龙头，以"'挑战杯'全国大学生课外学术科技作品竞赛""'挑战杯'中国大学生创业计划竞赛""国家级大学生创新创业训练计划""全国大学生电子商务'三创赛'"等高水平双创竞赛为带动，以中文专业类学科竞赛为基础，从创意、创新到创业的双创竞赛体系；同时建立与竞赛体系相适应的层次递进、覆盖面广的双创竞赛项目选培机制，厚植双创教育土壤。

第五，创建"浸润式"的创新创业竞赛激励保障机制。双创实践活动是让学生将所学知识转化为实践能力的重要环节。对于学生而言，实现这一知识到能力的转变并非易事，需要他们在教师指导下付出持之以恒的努力；同时双创竞赛竞争也越来越激烈，需要学生投入大量的时间和精力，不断磨砺高阶创新能力。为此，在双创实践活动和双创竞赛指导中，教师应重视情感教育，"以情化人"，以为师者的育人初心，真诚关心、关注学生创新创业实践和竞赛成长的每一步，使双创项目在萌芽、成长、落地的每一个重要环节，都有教师导师般、家人般的指导和关怀。教师应一视同仁对待所有学生参赛项目，呵护学生的创意，包容失败。在学生双创竞赛脱颖而出时，及时肯定他们的努力与拼搏，勉励他们再接再厉，不断成长；在学生双创项目遗憾落败时，第一时间给予他们最真心的宽慰，为他们诊断发掘项目的亮点和希望，寻找解决问题的方法和途径，争取下次成功的契机；在学生想放弃参赛时，不断为学生打气，勉励他们坚持梦想，勇往直前。总之，教师不仅是以"导师"的身份，更是以"家人"的身份全程参与学生的双创实践，用师爱浇灌双创项目的成长，实现陪伴式、浸润式的教育，引导学生以持之以恒的拼搏实现创意、到双创项目、再到人生梦想的成长。

第六，打造高水平学科交融型创新创业师资团队。双创教育的改革离不开教师的深度参与，师资建设是双创教育的关键要素。为此，学院着力推进创新型、专业化的双创实践师资团队建设：以中文学科为核心，与学校外语学科、工商管理学科合作，加强校本跨学科教学团队建设；推进跨校际、多学科实践教学团队建设，邀请行业导师、企业导师深度参与双创实践和竞赛指导，为创新创业竞赛教育模式提供智力保障。着力建设一支有坚定理想信念，高尚育人情怀，渊博学识的双创师资队伍。倡导教师以高尚师德师风，身体力行，春风化雨般教育引导青年学子参与创新创业。

十三载岁月的创新砥砺，三融合下的创新创业教育模式在育才、铸魂、铸教方面成效卓著。最为重要的是，系列教育教学改革坚持立德树人，赓续红色血脉。将中华魂厚植于学子血脉，将中华文化浸润于学子骨髓，将专业素养熔铸于每名学子个性化成长和终身发展。所培养的优秀毕业生在汉语国际推广、中外人文交流、中华文化传承、乡村振兴等伟大事业中砥砺奋进。

二、优秀传统文化+双创教育的成果

（一）"以文化人"双创成果篇

正是怀有心中的那一份信念与责任担当，中文学院双创团队付出了巨大努力。团队不断把目光投向乡村振兴、非遗传统文化、社会公益等项目，孵化产生多个创新创业成果。"爱芽"志愿团队关注孤独症儿童的健康成长，在陪伴、相处和互动交流中呵护他们幼小的心灵，精心设计适合他们学习的传统文化素材和内容；"守艺人"工作室致力于中华优秀传统文化的保护，关注和研究传统手工艺的发展困境，坚定传承和守护文化记忆和符号，发掘传统手工技艺所蕴藏的匠心精神和文化意蕴；"爱宠驿站"工作室秉承"心的传递，爱的宠溺"宗旨，结合当今时代和社会的需求，实现爱宠收、寄双方的良性互动；"新桃换旧符"团队立足生态、环保和艺术的理念，对废旧服装进行回收，将传统文化元素融入旧衣再改造，达到资源和利益最优化，在双创实践过程中将团队的青春梦、创业梦、公益梦三者有机融合；"鹿鸣书院"工作室以传承中华优秀传统文化为目标，在一系列丰富的国学传承活动中挖掘传统文化的深厚底蕴，守护文脉；"芯芯相印"团队关注废旧笔芯造成的环境污染，探索废旧笔芯回收，变废为宝，将废旧笔芯制成工艺品，循环再利用，将绿色环保的可持续理念进行到底；"芳馥中华"团队致力于传承和推广有近三千年历史的传统香道文化，在砥砺实践中将千年香文化传承发扬；"奕鸣教育"团队关心乡村孩子的求学梦，以专业的生涯规划指引孩子们生涯规划，遇见更好的未来；"巴山峡川"团队关注巴渝地区传统茶文化的传承，采取跨境电商的方式助力茶文化走向世界；"锦上花"团队着眼千年非物质文化遗产"缠花"的活态传承，以花为媒，致力中华优秀非物质文化走向世界，同时项目以走进社区、走进乡村的方式助力乡村孩子的美育教育，历经三年沉淀，诠释了梦想与传承；"龙印象"团队以学校国际化特色高校建设为依托，和留学生一起，推广非物质文化遗产温州皮雕技艺；"汉阅府"团队致力于国际中文教育推广，探索用新技术新方法帮助留学生提升汉语阅读能力……

近十年，中文学院双创团队在学校双创竞赛参与比例、获奖比例始终居全校第一，保有多项学校双创赛事最高获奖。十三年来，中文学院师生双创团队在互联网+、挑战杯、三创赛、iCAN创新创业等国内10余项双创赛事筚路蓝缕，奋力拼搏，勇创佳绩，为学校争得了荣誉。

标志性获奖成果有：（以下部分与前重复P138）

2017年第七届全国大学生电子商务"创新、创意及创业"挑战赛总决赛，"新桃换旧符"（DIY小组）团队获全国特等奖，是学校目前所有高水平双创赛事的最高获奖，同类外语院校最高获奖。

2023年5月，"创业西部 留·在双城"第三届成渝地区双城经济圈留学生创新创业大赛决赛中，中文学院"龙印象"项目团队与来自四川大学、重庆大学等8个高校的10个项目同台竞技，在激烈竞争中脱颖而出，获得全场最高分，荣获大赛冠军一等奖。项目指导教师王琥、张庆、柳真红荣获优秀指导教师奖，四川外国语大学获得"优秀组织奖"。这是我校近年来第一次在省赛中获得第一名总冠军。

2022年第十一届重庆市科慧研究生创新创业大赛中，"二十四节气蒙正堂—致力于打造青少年沉浸式非遗学习"项目获重庆市一等奖，是我校在科慧研究生创新创业大赛中首次获得一等奖。

2021年第十一届全国大学生电子商务"创新、创意及创业"挑战赛总决赛，"龙凤呈香工作室"和"踏风行耘"团队获得国赛一等奖（评奖面万分之五）和最佳创新奖，创我校三创赛国赛总获奖数纪录，我校获奖数居重庆赛区第一，全国同类文科院校前茅。

2021年第十五届iCAN全国大学生创新创业大赛，中文学院获全国三等奖2项，重庆赛区奖项近20项。特别是在省赛中，中文学院作为一个二级学院的省赛获奖数超过不少高校全校总获奖数，助力我校总获奖数居重庆赛区并列第一，晋级国赛数居重庆赛区第二。

2017年第三届中国"互联网+"大学生创新创业大赛重庆赛区决赛中，"美食美客"团队在激烈的竞争中脱颖而出，荣获重庆市金奖（金奖总数为30项），创我校"互联网+"大赛最高获奖纪录。

2018年全国首届高校创新创业教育精品展决赛，美食美客团队和国内众多理工类名校竞争，入围全国五十强，获得总决赛三等奖，为外语类高校唯一获奖。

2016年重庆市第七届科慧杯研究生创新创业大赛，寸草汉青团队进入全市前八强，获市级二等奖，实现我校科慧杯获奖零的突破。

2014年创青春大学生创业计划竞赛，绿野仙踪团队获全国总决赛铜奖，为我校创青春国赛获奖首例。

在2015-2022年这八年的"互联网+"大学生创新创业竞赛，中文学院双创团队获得省级奖40余项，占全校获奖总数的60%以上。

在2019年和2020年两年中国高等教育学会发布的高校学科竞赛榜中，我校两度入围人文社科类高校前20强，该排行榜以最近五年学校在全国重要竞赛获奖成果的积分为序。在这两次排行榜我校纳入算分的所有获奖项目中，中文学院仅王琥老师一人所指导的双创团队国家级获奖成果就占全校总数的近1/4。

成绩的背后是自2010年起，十三载川外中文双创人的执着与坚守，是十三载川外中文人的探索与沉淀，是十三载根植于课堂的育人故事，更是一段段刻骨铭心的师生情分。

（二）"以文化人"双创课程篇

教育部就业创业金课：创新创业导论

"创新创业导论"是四川外国语大学双创教育示范课程，课程为教育部全国高校就业创业金课（全国20门之一），重庆市首批课程思政示范课，重庆市一流课程，重庆市一流课程示范案例课程。教学团队负责人为中文学院王琥副教授。团队为市级首批课程思政教学名师团队，团队教师来自中文、思想政治教育、教育学、工商管理、外语等学科。课程基于有意义的学习观，以"专、思、创"融合的"寓德于课"模式推进教学创新，教学案例获优秀课程思政案例市级特等奖。

教学成效获市内外专家较高评价。

七年来，以"创新创业导论"为核心的双创课程群（"大学生创业教育""CDIO理念下创新创业训练"等通识课，以及"语言与文化""地名与文化""语言文字应用"等专创融合课）培育近1700项学生文创项目，荣获三创赛全国特等奖、全国一等奖等对于文科专业来说殊为不易的国家级、省级奖近260项，是省级教学成果（双创教育）二等奖核心支撑课程，助力学校汉语国际教育等6个国家级一流专业双创教育改革，是全国同类外语院校中特色鲜明、成果显著的双创金课典型范本。

"创新创业导论"遵循学校国际化人才培养定位，提倡践行双创教育是基于新文科的"专业教育、思政教育与双创教育"三融合的"价值创造"教育理念。课程从"厚植家国情怀，开拓国际视野、浸润人文底蕴和培养双创思维和实践能力"三位一体课程目标出发，突出传统文化浸润，融入跨学科思维，是一门将双创的课堂教育、竞赛体验和训练实践相融合的特色课程。课程尤其强调新文科建设的价值塑造、学科交融、学以致用。

"创新创业导论"创立"课-赛-研-创"合一的实践教学新范式。以"课程实践化，实践课程化"的理念，将中国国际"互联网+"大学生创新创业大赛、挑战杯创业计划竞赛、本科生科研等高水平双创竞赛内容有机融入实践教学内容，建立"课-赛-研-创"实践教学模式。"让学生亲身参与重庆地名大会""汉语角"等高阶性实践活动，激发学生参与双创热情，锻炼高阶能力，孵化高水平学习成果。同时，邀请市内外知名双创专家学者开展研讨课，开阔学生学习视野，启迪跨学科思维。

省级一流课程——语言文化与社会

"语言文化与社会"课是四川外国语大学国家级一流专业建设点汉语国际教育专业，面向本科大一年级学生开设的通识选修课。课程负责人为中文学院周文德教授。课程2021年获评重庆市一流课程。课程遵循外国语大学国际化人才培养定位，依托省级重点学科建设，深度融合国家社科基金重大项目和省级人文社会科学普及基地开展实践育人。

五年来，"语言文化与社会"一流课程建设改革成效显著，学生评价满意度高，评教分数居全校通识课最前列，进入全校2%。课程组教师以金课"高阶性、创新性、挑战度"特征为根本标准，深度挖掘课程的德育内涵，提升课程难度和深度。从"语言文化与社会"的课程标准、教学内容、教学方法、实践教学、考核评价等五方面进行研究和教学实践，将价值塑造、知识传授和能力培养三者真正融为一体，实现思想政治教育在"语言文化与社会"课中的润物无声，探索育德与育才相融合的课程思政"德融教学"模式，培育打造具外语院校特色的传统语言文化类通识课、课程思政典型范本，建设一流课程。

课程特色与创新：创立特色鲜明"德融教学"教学模式。将启迪科学精神、讲授语言学前沿知识、培养科研和高阶运用能力真正融为一体，建成外语院校传统语言文化类"课程思政"典型范本。第一，实现德育元素与专业教育融为一体。以语言文字知识、优秀传统文化为载体，深度融入德育元素，升华、深刻学生对中华文脉的热爱和情感，浸润为家为国探索未知，勇攀高峰的科研精神。第二，创立"科学研究+语言产业+创新实践"的课程思政实践教学新模式。建成语言文字系列规范化大赛、语言创意集市、中外文化交流月等市内有美誉度的精品活动。以"情浸式"实践把"课程思政"落到实处。第三，在教师言传身教中实践"科研育人"。通过课余时间的师生科研兴趣小组，一对一精细化指导学生学习全过程，坚持将教师的专业精神和专业热爱融入每堂课教学，深入每次师生小组研讨交流，嵌入每次的社会实践活动，让凝聚了华夏先民智慧和精神的语言文字实现对学生的人文浸润。

课程立德树人成效：第一，课程育人成效明显。在遵循课程教育教学规律前提下，课程深度融入社会主义核心价值观、中华优秀传统文化、人文精神等德育元素，厚植学生家国情怀，坚定学生理想信念，养成学生勤于钻研的专业精神，引导学生关注语言事业，积极运用专业所学解决现实生活中的语言问题，实现育德与育才相融合。第二，推进一流课程建设成效显著。课程评教分数进入全校前2%，在2021-2022学年第一学期一教学班得到学生全员满分的极高评价。学生反馈好、口碑好，多次得到教学督导好评。在无记名征求学生意见反馈时，学生普遍反馈课程学习收获大，同时真切感受课程温度，感受到教师无私奉献的高尚师德和对学生家人般的关爱。在潜移默化中凝练升华了学生对于语言文化的深切热爱，厚植家国情怀，润物无声。第三，学生学业成绩优异。选课学生结合课堂所学选题，踊跃参与语言学相关专业竞赛取得优异成绩，在高水平学科竞赛中磨砺意志品质，提升实践能力。学生在与课程密切相关的征文、演讲、科研计划、大学生创新创业训练计划等人文社科类专业比赛中获得省级、校级160余项奖励，成绩突出。

"专创教育融合型"一流课程：地名与文化

"地名与文化"是国家级一流专业建设点汉语国际教育专业，面向本科三年级学生开设的专业核心课。课程遵循外国语大学国际化人才培养定位，依托省级重点学科中文学科和省级"数字人文体验"特色学科群建设，融合国家社科基金重大项目"地名研究"开展科研育人，以省级人文社科示范普及基地"川外地名研究中心"开展实践育人，培养学生传承地名文化遗产，守护地名文脉的人文素养和专业能力。课程教学团队由中文学院、地名研究中心师资团队组成。课程将有关文化遗产保护的论述有机融入教学，以省级高等教育教学研究重大项目《中文专业双创教育"专思创"三融合模式研究与实践》开展教学创新，是一门特色鲜明的高阶应用型课程。

课程从"厚植家国情怀和人文底蕴，启蒙创新精神和科学意识，深化学生地名学理论知识，训练基于专业的科研能力，培养保护传承地名文脉的高阶实践能力"的教学目标出发，将价值塑造、知识传授和能力培养三者有机融为一体，将坚定学生文化自信、讲授地名学前沿知识、培养科研和高阶运用能力真正融为一体，建成外语院校语言文化类课程思政典型范本。

课程旨在引领学生更加珍视中华文脉，运用所学致力科研和实践创新，用专业所学服务语言文化普及事业，坚定守护和传承地名非物质文化遗产，培养具浓郁家国情怀、高阶实践能力和创新能力的高素质复合型国际中文人才。课程建设五年来，以精品实践活动培育科研、文创项目，海内外弘扬地名文化；建成重庆地名大会等系列市内有美誉度的品牌活动；培育多项学生科研、文化创意获奖项目，磨砺学生的钻研精神，升华为家为国，勇攀人文研究高峰的责任感、使命感，浸润隽永的文化自信。

"产－学－研－创"示范课："互联网+汉语国际教育实践"

"互联网+汉语国际教育实践"是川外中文学院面向汉语国际教育硕士生开设的专业选修课，是新文科背景下探索学生高阶能力培养的实践核心课。三年来，课程探索"产－学－研－创"教学模式改革成效显著，学生在行业和学科竞赛中获省级奖46项，学业成果突出。课程立足于汉语国际教育专业学科使命和学科特点，通过讲授"互联网+"时代汉语国际教育的新特点和新变化，深度分析解读借助于互联网技术传播中华文化、教授汉语的典型案例，并指导学生进行相关模拟训练和演练实践。课程旨在充分锻炼和提升本专业学生的教育教学知识储备和理论水平、实践能力、双语沟通能力、跨文化交际运用能力，充分激发学生利用互联网技术传播中华传统文化、教授汉语的热情与勇气，积极参与到专业相关科研创新竞赛和模拟实践训练，从而全方位提升汉语国际教育专业硕士生的专业能力和创新实践能力。

近三年，课程培育"巴山峡川""汉阅府""海纳汉语""畅言""墨点汉语"等数十项与汉语国际教育专业紧密相关的学生文化创新项目，课程学生在三创赛、科慧杯、挑战杯等创新大赛中取得优异成绩，为创新推进国际中文教育事业贡献智慧和力量。

（三）"以文化人"优秀学生篇

"传统文化+创新创业教育"的双创教育模式充分发挥中华优秀传统文化的育人价值，引领学子在专业实践中增长智慧才干，锤炼意志品质，培养有理想、有本领、有担当的热血青春力量，培养"铁肩担道义，妙手著文章"式的精英良才。十三年来，涌现了一批批优秀的川外中文双创人。

中华优秀传统文化的传承与守护者——双创优秀学生钟英杰

有这样的一群对传统文化有着赤子之心的青年学子，因为热爱，所以传承。他们通过实地调研深入了解香道文化现状，从香道古籍中研读找寻古法真谛，依托学校学科优势探索香道传承与跨境交流的新路径，以社会科普培养更多热爱香文化的青春力量，扎根社会实践弘扬传统香文化……三载岁月，初心如磐，创新实践，矢志奋斗。为坚定的梦想，为钟爱的志业，为责任与担当，三载青春如歌，岁月芳华，他们在继承和发扬传统香道文化的征途中砥砺前行。三载坚守，终梦想花开，让千年香文化浸润当下生活，让千年"芳馥"满中华，让千年文化基因永流传。他们是《芳馥中华》团队，项目创始人是中文学院优秀学生钟英杰。

钟英杰，中共党员，四川外国语大学中国语言文化学院汉语言文学专业学生，校级朋辈导师、创新创业导论课程（全国高校就业创业金课、省级首批课程思政示范课）助教团核心成员、中国语言文化学院创新创业中心成员。

钟英杰主持市级大学生创新创业训练计划立项，获"互联网+""挑战杯""三创赛"等国内权威创新创业竞赛国家级、省部级获奖近20项，多次打破相关赛事本校获奖纪录。

截至2022年，他是川外在读生中获双创类竞赛奖励数量最多的学生。2021、2022学年他连续获重庆市普通高校创新能力提升先进个人称号，在国内期刊杂志公开发表作品，2023年他荣获重庆市优秀毕业生。

科研、双创总相宜——双创优秀学生米琳琳

中文学院不仅本科生创新创业优秀者突出，研究生的创新创业竞赛也成绩斐然，涌现很多科研、双创两不误的优秀代表。其中一名优秀学生代表就是米琳琳同学。

米琳琳，中共党员，四川外国语大学中国语言文化学院2020级汉语国际教育专业硕士研究生。该生自入学以来，时刻以一个优秀研究生的标准严格要求自己，积极提高自身。学业成绩优异，连续三年获得奖学金，荣获校级三好学生、校级创新创业先进个人、校级优秀毕业生等荣誉。学习之余，该生能意识到理论融合实际的重要性，考取了国际中文教师资格证，积极参加各类竞赛活动和志愿者服务工作，累计竞赛获奖10余次。该生作为成员参与研究生科研创新项目1项；作为课程助教参与国家级金课课程"创新创业导论"与省级示范课程"语言与文化"；作为汉语教师，于四川外国语大学国际学院实习，表现优异。

双创事迹：2021年8月，作为项目负责人的专创融合型作品《东游记—初级汉语水平国际学生的阅读指导专家》获第七届中国国际"互联网+"大学生创新创业大赛重庆赛区选拔赛铜奖；同年，作为项目核心成员的作品《星汉之行—助力HSK通关的全媒体数字化汉考宝典》获第七届中国国际"互联网+"大学生创新创业大赛重庆赛区选拔赛铜奖；2021年12

月，分别作为负责人与核心成员参加重庆市第十届科慧杯研究生创新创业大赛，获市级二等奖2项，市级三等奖1项；2021年10月，作为项目负责人带队参加iCAN全国大学生创新创业大赛重庆赛区决赛荣获二等奖；2021年11月，个人参与四川外国语大学汉语教师模拟大赛，获三等奖。2022年6-7月，作为核心成员的项目《巴山峡川—城口鸡鸣贡茶农业农村现代化和斯里兰卡跨境电商的先行者》在第十二届全国大学生电子商务"创新、创意及创业"挑战赛获得重庆赛区特等奖，全国总决赛三等奖；2023年1月，作为参赛人参加第十届重庆市研究生征文大赛，作品《大树》获得二等奖。

在坚持与热爱中勇攀高峰——双创优秀学生魏蔚

"三年前第一次接触双创类比赛时是那么手足无措，不懂创业策划书、没有新创意、团队组不成、比赛经验匮乏……一路走来并非一帆风顺，但是心怀热爱与理想，在导师的指导关心下，不断学习与努力，不断坚持与攀登，总迎来了令人欣慰的结果。"——这是回首三年研究生生涯参与双创比赛和活动时的，魏蔚的感慨。

2022年7月的三创赛国赛总决赛，其实已经是她研究生生涯参加的第六次创新创业类比赛了，在盛夏7月不停奔波，全力以赴打磨迭代项目，最终也创造了研究生双创生涯最值得纪念的成果和收获。她就是《巴山峡川》创业项目的核心成员魏蔚。

魏蔚，四川外国语大学中国语言文化学院汉语国际教育专业2020级硕士研究生，在学期间累计获得国家级、省市级创新创业类奖项8项，为2022年重庆市创新能力提升先进个人。在校期间，担任全国高校就业创业金课、省级首批课程思政示范课"创新创业导论"课程助教，重庆市一流课程"语言文化与社会"课程助教，参与市级科研、教学课题多项，作为项目成员参加第十二届全国大学生电子商务"创新、创意及创业"挑战赛，获省级特等奖，国赛三等奖的好成绩，创造了我校汉语国际教育研究生近五年在三创赛的最好成绩。

坚持总有收获，让梦想照进现实——朱九玥

在学期间不断自我探索，寻求突破，她一次次在奋斗中摸索着自己的发展空间和人生方向。入学开始，她就通过参加各类双创比赛、双创实践以及专业比赛锤炼自己。虽然一开始，面对激烈的竞争，总是挫折大于收获，但她从未气馁，一如既往地在中华优秀传统文化+创新创业项目改进的过程中砥砺前行，不断在突破自我中取得实践的真理，不断的付出与努力终迎来梦想的收获。她作为团队负责人，带队创造了学院汉语国际教育专业研究生参加双创类比赛的最佳成绩。她是《巴山峡川》创业项目的负责人朱九玥。

朱九玥，共青团员，本科期间曾担任校学生会副主席，作为团长带队大学生暑期三下乡，为学校的校园文化氛围奉献力量。从事非遗博物馆文物讲解五年，曾荣获重庆博物馆协会颁发的"重庆市十佳志愿者"。现就读于四川外国语大学中国语言文化学院汉语国际教育硕士专业，在校期间担任研究生会新闻部干事、"创新创业导论"课程（全国高校就业创业金课、省级首批课程思政示范课）助教团核心成员，作为项目负责人首次参加第十二届全国大学生电子商务"创新、创意及创业"挑战赛，获得省级特等奖、国赛三等奖的好成

绩。朱九玥也具有强烈的规划意识和实践能力，她在各种比赛中总结经验不断提高个人各项能力。在创新创业竞赛中发现热爱，开阔视野，在专业成长中坚守初心，多线并行。朱九玥先后获得过iCAN全国大学生创新创业大赛重庆赛区一等奖、重庆市科慧研究生创新创业大赛三等奖、重庆市研究生征文大赛一等奖和第三届重庆地名大会一等奖。这些经历并不是一帆风顺、一片坦途，但在朱九玥同学的人生信条中，越前进，越接近目标，终会获得成功。朱九玥同学，在竞赛中不断磨炼自我，发光发热。历经过困难与挑战，也收获了自信与成长。

（四）"以文化人"模范教师篇

一分耕耘，一分收获。成功固然是令人欣喜的，通过众多的创新创业实践，莘莘学子也实现了人生理想。近五年，得益于双创教育培养的素质和能力，川外中文学院毕业生优质就业率、出国深造率、自主创业率逐年提升，多名学生考入北京大学、中国人民大学等名牌院校。但真正触动心怀的，是每一个荣誉背后所沉淀的师生之情。十三年的岁月见证着中文学院的老师和学生们一起走过的点点滴滴，周文德教授不论多忙多累，每到大赛前都会来为他的孩子们加油、打气，指导学生为理想冲刺；王晓萌老师凭借着独特的为师者魅力和深厚的学术积淀，指导学生立项重庆市大学生创新创业训练计划，指引学生徜徉于古典文学的学术殿堂；卢玫老师总是给孩子们无微不至的关心和鼓励，引领孩子们一步一个脚印为理想拼搏；薛红老师精心指导学生双创团队斩获多项"互联网+"大赛、科慧杯大赛省级获奖，荣誉证书背后凝聚一份份共同奋斗的师生情义；李铮老师总是鼓励孩子们为梦而赛，为爱而创，全心指导《后汉书》《酣然入梦》等多个专创融合型文创项目；杨晓莲教授总是倾心关注孩子们备赛的每一个细节，每次赛前都会给孩子们打气，牵挂筑梦路上他们的每一步成长；张晓芝老师，鼓励孩子们关注古籍的传承与保护，是学生们心中最喜爱的老师之一；王琥老师更是倾心双创十三载，始终和孩子们在一起，在兢兢业业做好本职工作之余，几乎把所有的时间都投入了专创融合型双创教育，夙兴夜寐，不舍昼夜，仅一人累计指导近2300余支双创团队参与竞赛，受益学生超过1万人次，指导学生获专业类、双创类国家级、省级奖励420余项，十三载初心如磐，他推进双创教育的育人情怀和不懈努力获多位专家高度评价。

老师们的每一份付出都深深印刻在了同学们心里：获得国赛特等奖的中文学院2015级学生孙艺瑞同学说起，每一次决赛前，指导老师杨晓莲的鼓励总是带给团队莫大的信心，让他们在强手如云的赛场过关斩将；获得重庆市金奖的中文令学院2015级学生刘悦印象非常深刻的是，卢玫老师赛前对他们参赛礼仪的指导和着装建议，给团队插上了腾飞的翅膀，最终折桂。毕业已七年的中文学院双创团队"元老"2011级学生陈诗雨说起王琥老师，眼神里满是感动："每一场比赛他绝对到场，并且会陪我们坚守到比赛最后。"有次陈诗雨参加一次创新创业市赛决赛，选手要在外面排队等待答辩，按规定其他人不得在现场逗留，王老师只能在很远的转角处默默望了半天。那天下雨，非常冷，王老师就一个人在那转悠着等着他的孩子们出来。拥有20多项双创省级获奖的2015级学生蒋世林同学在学校双创颁奖典礼发言中曾说到："在四个年头周末的时光里，因参加市级决赛几乎匆匆走遍了重庆主城的院校：领略过初春时节的重大；气温爆表时的南山；盛夏暴雨中的重师；金秋的理工花溪河畔；隆冬中的川美；阴雨绵绵的缙云山麓。在这个时候，王琥老师又是一个独特的存在，因为几乎只有他是坚守全程的老师，陪我们经历成功的喜悦，也陪我们体验失败的辛酸。从微微晨曦到夜幕降临，每一次都是他陪着我们最后离开。现在，王琥老师不仅是我和双创的'月老'，更是我们年级200余个双创团队的'月老'，为我们年级团队的终身大事奔波操劳。"

十三年时光的四千多个日夜里，中文学院的众多老师们以爱联结着孩子们的双创梦想，用心呵护着孩子们的成长，帮助他们筑梦成才。

岁月铭记的不只是青春和梦想，更为重要的是不会随着时光而改变的那一份真挚情感。十三年来，中文学子的双创之梦和师生之情紧紧联系在一起，师生因双创结下了深厚情谊。这份十三载的双创梦、师生情始终呈现出独一无二的华丽篇章。这一段初心如磐，双创筑梦的师生故事感动着川外，感动着你我。

师者大爱最生动的诠释——杨晓莲教授

"杨老师是我研究生时期的导师，为我们讲授《西方文学专题》，她曾坦言，'自己花了很多工夫'备课，因为她对'给学生讲课情有独钟'，'每次上完课都会感到特别开心和愉悦'。在她的影响下，我也爱上了这三尺讲台。杨老师常对我们说：'文学也是人学，从文学经典中读人、读人生、读智慧、读社会，学到做人的道理'，她用文学为我们指引人生的方向。于我而言，杨老师是我求学生涯中的一片阳光，是乌云也挡不住的阳光。"——这是学校一则关于教师节感谢师恩的微信推文中，一位毕业学子对杨老师的真挚感谢和真情寄语。

"杨老师是我求学生涯中最感谢的一位老师，她学识渊博，大爱学生。作为杨老师的学生很幸运，在我们结合所学中文专业进行创新实践探索时，因为有了老师您在前擎着一盏明灯，即便黑暗之中，我们也有追逐的方向，有前进的动力；每次创新实践遇到挫折时，又总有老师您最温暖的宽慰和鼓励，让我们砥砺前行去探索未来更多的可能。经师易遇，人师难遭，得遇良师，何其有幸……在最好的年华遇见最美的人生导师！杨老师是导师，是挚友，是亲人，亦师亦友胜亲人，于最好的时光中镌刻了永不泯灭的师恩，永不泯灭的亲情。纵使时光流逝，这份感激，一直在学生心底，沉浸着亲人般的温暖。"——这是一位毕业生写给杨老师的一段留言。

这两位同学发自内心真诚感谢的杨老师就是川外中国语言文化学院的杨晓莲教授，同学们发自内心的真诚感谢道出了所有杨老师学生的心声："桃李不言下自成蹊……"

杨晓莲老师，四川外国语大学中文学院教授。比较文学与世界文学专业硕士生导师，文艺学专业硕士生导师。重庆市首批学术技术带头人后备人选，重庆市高等学校优秀中青年骨干教师，曾任重庆市第二届人大代表。杨老师指导学生获三创赛国赛特等奖、"互联网+"大赛省级奖、大学生创新创业训练计划等双创荣誉近20项。

在近三十七载的教书育人生涯中，杨老师的教学课堂一直是学生最喜欢的课堂，心之所向的知识殿堂；她的关怀一直如影随形陪伴学子，是人生路上最温暖的力量；她为师为学的执着与追寻，一直是学子们的榜样，是人生路上的方向与灯塔。三十七载岁月悠然，歌乐情深，杨老师用她自己生命的质量，让"导师"这两个字有了不一样的分量；用她自己生命的光亮，让"导师"这两个字有了那种灿烂的光华。岁月无言，但深爱有"痕"，三十七载初心如磐，为国育才，杨老师用自己的广博学识与师者大爱给了"导师"两个字最温暖、最美好、最大爱的诠释，温润了每一名学子的成长成才路。

学生创意的温暖守护者——黄劲伟老师

深度探索以文化创意项目创新传承地名文化，指导学生创立地名文创工作室，他是开拓者；坚持让研究生参与创新创业竞赛与实践，每届研究生均有双创佳绩，他是坚守者；繁忙的教学科研之余，用心用情推进"传统文化+创新创业教育"，他是守护者。他是中文学院黄劲伟老师，他用心推进创新创业教育进课堂，他鼓励学生结合所学专业参与双创，倾心指导学生以专业所学传承中华优秀传统文化。指导研究生的"汉语帮——职业汉语教育""地名文创工作室"等项目在双创赛场屡创佳绩。

黄劲伟老师，北京语言大学语言学及应用语言学博士，副教授，重庆市课程思政教学名师，语言学及应用语言学专业、汉语国际教育专业硕士生导师。主讲省级一流课程"语言文化与社会"，主讲省级课程思政示范课程"语言与文化"。目前主持国家社科基金项目1项、省级科研项目2项，校级科研、教改项目各1项；参与国家社科基金重大项目2项、一般项目2项，省部级教学科研项目2项。在《当代语言学》等刊物上发表论文近20篇。他对学生充满关爱，全心指导，注重将教师科研成果融入课堂教学和学生实践，连续三年被评为学校本科优秀毕业论文指导教师。曾访学美国密西根州立大学，参加境内外国际学术会议30余次；指导学生获得专业竞赛、创新创业奖励多项。

十三载双创筑梦师生情——王琥老师

王琥，中共党员，副教授，川外中文学院教师，共青团重庆市委青年讲师团成员，重庆市首批课程思政教学名师团队负责人，全国第二批高校就业创业金课（全国共评选20门）课程负责人，荣获重庆市教学成果二等奖、课程思政优秀案例特等奖、重庆市本科高校教学新星奖等荣誉，目前主持、主讲国家级课程2门，主持、主讲省级课程6门，指导学生获国家级、省级奖420余项。

自2010年起，他矢志倾心双创教育与指导整十三年。十三年来，他始终坚守在双创指导第一线。2014年在全校率先，全市较早创办"红色筑梦型"创新创业教育中心，筚路蓝缕推进双创教育平台建设，引导学生深怀家国梦想在创新创业的实践中磨砺成才，培养具有家国情怀的青年创新创业者。十三年来，他为工作倾注了全部心力，以生命的力量点亮学生成长，开设主讲通识类、专创融合双创类课程6门；十三年来每年投入300-400个课后学时精心指导学生创新创业，累计指导项目近2300项（次），受益学生达1万余人次，"涌现寸草汉青""绿野仙踪""本草心木"无为农夫等数十项大学生双创明星项目。十二年来，他的学生荣获省级（以上）学科竞赛奖励超过420项，其中中国国际"互联网+"大赛、挑战杯、创青春、三创赛等高水平创新创业类省级（以上）奖励270多项（互联网+大赛省级奖42项），十余次创学校乃至同类外语院校最高获奖纪录，近百个学生团队获各类双创奖学金和双创研修资助，助力学子实现"创新俭学"。

近五年，他倾心双创教育研究和双创教育平台建设。

双创研究方面，他荣获重庆市教学成果奖（双创成果），主持省级教学改革研究项目、科研课题8项，其中重大一项（副主持人）、重点一项，科研课题也以双创类为主，主研国家社科基金重大项目1项，主持主研国家社科、教育部人文社科、市社科规划等省市级（以上）课题10余项，以强劲的学习势头引领学生为双创梦想拼搏。

双创平台建设方面，他以学院2014年成立的创新创业教育中心为核心载体，坚持红色文化领航青年学子创新创业，依托学校传统文化体验与研究中心、地名研究中心（重庆市人文社科普及基地）为载体，打造独具特色的红色筑梦型创新创业教育中心。在理念、机制、师资和实践活动方面着力突破，孵化有一定影响的关注社会现实、关切社会公益，体现新时代大学生责任与担当的文创项目。

因全心关爱学生和创新创业孵化指导的突出成绩，他获重庆市教学成果二等奖、全国三创赛最佳指导教师、全国三创赛优秀指导教师、全国辅导员年度人物入围奖、重庆市首批课程思政教学名师等省级（以上）荣誉40余项，获四川外国语大学首届感动校园十大人物等校级荣誉46项；指导学生获省级（以上）学科竞赛奖420余项。尤以创新创业类成果独居全校鳌头，全市同类院校领先。优异的创新创业成果成为学校高校众创空间评估、学校申报获批重庆市大学生创业示范基地、学校申报国家级一流专业、获批市级一流专业等重大教学实践类项目重要支撑材料。在2019年和2020年中国高等教育学会发布的高校学科竞赛榜中，四川外国语大学两度入围人文社科类高校前二十强，该排行榜以最近五年学校在全国重要竞赛获奖成果的积分为依据排序，在这两次排行榜学校纳入算分的国家级获奖项目中，王琥老师一人指导的学生获奖成果占比全校总数的近1/4。

优异成绩的背后，是他那常人难以想象的执着坚守与倾心付出！是他深植心中的那份对学生家人般的挚爱，是他对自己"四年师生，一辈子情义"为师理想的深情坚守，是他对"双创"这份事业的认知和热爱，更是整十三年来4000多个日子里，无论寒暑，无论假期，再苦再难的日子里也不曾放下学生的那份对双创教育的真情坚守与巨大付出。他全力以赴推进专创融合教育的初心和坚守得到多位市内外专家的高度评价，他情系学生的先进事迹在新华网、教育部大学生在线等网站均有展示。

双创教育砥砺实践

十三年来，他坚持创新创业教育立德树人的初心，牢记为党育人、为国育才使命，用红色文化领航青年学子创新创业，全心投入创新创业教育平台建设和项目孵化指导，建设红色筑梦型创新创业教育中心。引领创新创业的青年学子关切社会现实，勇于担当，在奋斗中释放青春激情、追逐青春理想，将个人创新创业志向与追求融入国家和民族的事业中。

首先，探索传统文化深度融入创新创业教育，将传统文化深度"溶"于双创，引导学生以外语和专业优势参与双创，服务国家战略，传播中华文化，以持之以恒的拼搏实现创意、到创新项目、再到人生梦想的成长，为中华民族伟大复兴贡献青春热血。其次，探索"科创融合"：探索将国家社科重大科研项目等教师科研项目融入双创教育，充分发挥教师科研优势，引导学生参与科研成果转化和开展双创实践，提升学生创新创业的含金量和成功率，主要依托重庆市人文社科普及基地校地名研究中心开展，孵化地名文创工作室等文创项目；再次，探索"产教融合"，和校创业示范基地密切联系，将双创中心孵化较为成熟的"语言产业""文化创意"项目输入至学校市级创业示范基地—跨境电商与多语言服务中心创新创业孵化园区继续培育。最后，探索"校企融合"，邀请企业导师、行业专家到校讲学，建设校企合作实训基地，校企合作共同培育孵化双创项目。

双创教育研究与项目指导

近五年，他深耕双创研究，推进双创孵化平台向研究型双创教育平台发展；他扎根双创指导，助力更多学子受益成才。他主持主研教学改革项目21项：于2011年起探索CDIO理念下创新创业教育"243"体系改革；于2014年创办学校首个红色筑梦型创新创业教育中心；于2017年着手塑魂育才相融合的"创新创业导论"课程思政"135"模式改革；于2018年探索三融合理念下的创新创业系列课程赛课合一模式实践；2018年起研究重庆市高校创新创业教育典型模式；2020年主持市级教改重点课题，探索创新创业教育德融课堂模式改革；2021年起，主持市级教改重大课题，探索"专思创"三融合双创教育改革。近五年发表双创教育相关论文11篇。

他累计指导创新创业项目近2300项（次），参与学生达1.2

万余人次，写下累计约4000万字的项目计划书。其中涌现"雄关漫道""芳馥中华""寸草汉语""新桃换旧符""每人志""爱芽""未来职路""海纳汉语"等一大批关注社会公益，彰显大学生家国情怀的文创项目。他的学生荣获挑战杯、中国国际"互联网+"大学生创新创业大赛等高水平学科竞赛（专业类和双创类）省级及以上荣誉420余项。其中高水平双创类竞赛省级获奖270多项，占全校同类竞赛国家级获奖总数的近90%、省级获奖总数的近60%，10余次刷新学校创新创业类学科竞赛获奖历史突破，他所指导的一个学院的获奖数量达到甚至超过同类文科院校一所学校总的获奖数。他的学生在"互联网+"、创青春、三创赛等双创高水平赛事中保有全国同类外国语院校最高获奖，部分标志性获奖成果如下：

2015年重庆市首届青年公益创业大赛，全市前30强，王琥老师指导团队独占其中3强，最终一举拿下比赛10个市级奖项的2项。

2016年教育部主办第二届中国"互联网+"大学生创新创业大赛重庆赛区决赛中，王琥老师指导6支团队获奖，作为指导教师的获奖数位列全市第一。

2017年第七届全国大学生电子商务"创新创意及创业"挑战赛总决赛，王琥老师指导4个项目获得国赛奖，三创赛国赛获奖数创学校获奖新高。其中"新桃换旧符"团队（DIY小组）获国赛特等奖，是学校双创赛事的最高获奖。

2017年中国"互联网+"大学生创新创业竞赛重庆赛区决赛，仅王琥老师带的一个年级参赛总人次就占全校500余人次的一半左右。全市大赛参赛比例约为3%，他所带的年级学生参赛比118.2%（部分学生参与两个以上项目），是全市平均参赛比的40倍。最终他所指导的"美食美客"团队从全市7000余个参赛项目中脱颖而出,获重庆市金奖,获奖比为千分之四。

2018年重庆市第六届大学生创新创业大赛,王琥老师指导"爱芽"团队从5700余支团队进入全市前60强,是60强中唯一的文创公益类项目。

2018年中国高等教育学会主办全国首届高校创新创业创造精品赛总决赛,王琥老师指导"美食美客"团队和"新桃换旧符"团队进入总决赛。在总决赛中其所指导团队与北京大学、清华大学、复旦大学、上海交大等名校的高科技团队同台竞技,最终不负众望,再创佳绩,"美食美客"团队入围大赛前50强,获三等奖;"新桃换旧符"团队获优胜奖。作为文科院校文创项目在此次大赛的参赛成绩与众多国内双创知名高校不分伯仲。

2019年第九届三创赛重庆赛区决赛,王琥老师指导9支团队进入决赛,最终2支团队进入全市前10强,获市级特等奖,本次大赛他指导的团队共获得10个市级奖。他作为指导老师的获奖数再次名列全市第一。

2021年第十一届三创赛重庆赛区决赛,王琥老师指导10个团队进入市级决赛,最终获重庆市第二名、第四名,特等奖2项,一等奖3项,单项最佳奖5项,总获奖数达16项。他作为指导老师的获奖数再次名列全市第一。

2021年第十一届三创赛全国总决赛,王琥老师指导2个团队进入国赛(占全市高校入围总数1/3),最终获国赛一等奖2项(全国前50强,获奖比万分之五),最佳创新奖1项,优秀指导教师奖2项。一人指导获3个奖项的突出成绩在三创国赛极为罕见，作为指导老师的获奖总数名列此次大赛1000余所参赛高校指导教师最前列。

2021年第十五届iCAN全国大学生创新创业大赛重庆赛区决赛，王琥老师指导20个项目获得重庆赛区奖项，作为指导老师的获奖数居参赛高校第一。

2022年第十六届iCAN全国大学生创新创业大赛重庆赛区决赛，王琥老师指导26个项目获得重庆赛区奖项，作为指导老师的获奖数再次居参赛高校第一。

优异双创成绩的背后，是这十三年来王琥和孩子们全力以赴的拼搏和夜以继日的付出。由于王琥本身的教学、科研、行政、班导师工作已然是两个岗位的工作量，加之指导的参赛团队数量每次都占到约全校总数的一半，每次都有50-60个团队参赛，而每个团队仅写下的创业计划书平均就超过2万字，多的达七八万字，更有市场调研、创业试运营等大量的实践指导工作。王琥又特别希望保护每个孩子的创意，让每一个创意都能生根、发芽、成长。这让他几乎放弃了自己的兴趣爱好与休闲时光，经常指导学生创业计划书修改、创业实践策划设计到凌晨。他成为同事们心中公认的双创"工作狂"。同事们说，他的工作热情如黄河之水决了堤，一心向着学生的创新创业梦想奔涌而去。也正如同王琥所指导的优秀学生蒋世林在获奖感言中所说的那样："在自己大学四个年头周末的时光里，因参加市级决赛几乎匆匆走遍了重庆主城的院校：领略过初春时节的重大；气温爆表时的南山；盛夏暴雨中的重师；金秋的理工花溪河畔；隆冬中的川美；阴雨绵绵的缙云山麓……十多所高校的周末一日游，那一年四季不同校园的鸟语花香……四年双创中筑梦成长。每当在这个时候，王老师又是一个独特的存在，因为几乎只有他是坚守全程的老师，陪我们经历成功的喜悦，也陪我们体验失败的辛酸……他甚至好多次被当成了参赛学生，因为他比学生还更积极、更专注、更拼命……而双创市级决赛一般耗时至少一整天，大都从微微晨曦到夜幕降临，每一次又都是他陪着我们最后离开……"学生们深知，王琥老师真的是为他们的双创梦想倾尽了所有心力。

优秀的双创成绩助力他的学生们就业创业能力显著提升，毕业生自主创业成果丰硕。王琥老师所在的中文学院双创成绩已连续10年雄踞全校第一，这扎实造就了学生"谋事业、创未来"能力的提升，为学生的成才提供强大助力。他直接指导的2015届应届毕业生就业水平更是达到学院十年来历史最高，多名优秀毕业生分别被美国哥伦比亚大学、英国伦敦大学学院、英国曼彻斯特大学等世界著名学府录取，在国内考研中，多名学生考入上海交通大学、南京大学等名牌院校；尤其毕业生自主创业比例高达3.4%（高于当年全市平均2个百分点），雄踞全校榜首，全市同类高校同类专业最前列。同时涌现了不少关注传统文化保护与传承的优秀文创项目，以及不少事业有成的优秀创业典型青年才俊，这些都彰显了双创教育的神奇魅力。

十三年来，王琥老师极其注重自我完善和提升，尤其关注创新创业教育研究，以此感染带动学生的双创梦想。近年来，他作为主研参与国家社科基金重大项目1项，主持、主研国家社科、教育部人文社科、市社科规划等省市级（以上）课题18项，获国家创业二级咨询师、创业实训指导师等专业认证。十三年间，在陪伴学生于双创中成才的过程中，王琥也逐渐成长为双创名师，双创竞赛辅导专家，2018年12月，他通过遴选被聘为中国双创导师库导师，2021年他主讲的创新创业导论课成为省级首批课程思政示范课（全市双创类课程仅两门），他成为重庆市首批课程思政教学名师。2022年，他主讲的"创新创业导论"课程入选全国高校创业金课，是重庆市高校中唯一入选的课程。

双创教育是根植于爱的事业。十三年，这一段以爱为名，以双创为媒的工作时光，铸就了他和学生间最为深厚的情义。十三年，这一段他和学生们与双创结缘，与双创相知的执着时光，让梦想花开，桃李不言，下自成蹊！

三、优秀传统文化+双创教育的影响

第一，立德树人，赓续红色血脉。中文学院以"中华魂""红色筑梦"实践活动为载体，始终坚持将习近平新时代中国特色社会主义思想、党史学习教育、家国情怀深度有机融入核心课程和实践教学。十年来近2000人次参与"红色筑梦"双创竞赛和双创训练，涌现赵训红、潘兴等赴西藏、新疆工作的榜样人物，张婧等参军入伍的巾帼典型和薪火相传十年坚守的学生支教团队，将热血挥洒在祖国最需要的地方。

第二，人才培养质量极为突出。首先，学科竞赛成果居国内同类专业领先。近七年，学生获国家级、省级学科专业竞赛荣誉400余项，尤其在中国"互联网+"创新创业大赛等高水平科创竞赛中占学校同类获奖近60%，10余次创学校获奖历史突破。在三创赛等重大赛事保有同类文科院校最高获奖。涌现"雄关漫道""新桃换旧符"等320余项传承传统文化、厚植家国热爱的文创项目，创新推广传承京剧、剪纸、金钱

板艺术等传统文化，形成较好社会反响。其次，本科生发表论文、作品逐年增加。近五年，学生公开发表论文80余篇，文学作品近200篇；第三，学生考研率、优质就业率逐年提升，近五年升学率近25%，学子考入北大、复旦、美国哥伦比亚大学等一流大学。

第三，教研成果丰硕。教学团队获教育部课程项目1项，省级教学成果奖1项，省级教学示范团队2项，校级教学成果奖2项；助力6个国家级一流专业双创实践教学建设。有省级一流课程、课程思政示范课程5门；省级学术技术带头人1人，省级骨干教师、课程思政名师9人；主持省级、校级教学项目近20项，相关教学论文、教材成果丰硕。

第四，弘扬中华文化成绩突出。师生服务国家战略，踊跃投身海外汉语教学与中华文化传播。近年来，累计约100余人次赴美国、俄罗斯、韩国、泰国、毛里求斯等国家从事中华文化推广和国际中文教育工作，获所在国教育部门高度评价，助力国际中文事业发展。涌现连任两届全泰中国学联主席的优秀毕业生蒋聪聪，获语合中心表彰的先进志愿者代表姚诚，人才培养质量受到多哥孔子学院高度好评。

第五，服务社会广获赞誉。以国家社科基金重大项目首席专家周文德教授领衔的地名研究团队，创立科研教学应用相结合的实践教学范式。把科研与教学、育人、社会服务、国家智库建设有机融合，三十余载呕心沥血传承保护地名非物质文化遗产，大爱奉献育英才，担任央视"地名大会"学术专家，获省级教学成果奖，为政府、社会提供智力支撑。

结　语

　　未来，四川外国语大学成为重庆市新文科高水平建设高校和国际化特色高校的新起点，依托本专业三十六载办学积淀和十三年双创教育实践经验，中国语言文化学院将致力建设同类专业中最具示范效应的"优秀传统文化+创新创业"的双创教育模式，为中华文化走出去，为实现中华民族伟大复兴的中国梦，立德树人，砥砺求索，培养更多知中国、爱中国，具有全球视野，致力于中外人文交流，堪当民族复兴大任的青春力量。

05

第五章

利用中国特色地名
文化育人的实践

引　言

如果有人问：“人的一生永远无法改变的有哪些?”

可能的答案有：父母、出生地……

父母总有**姓名**，出生地会有**地名**。人名和地名是人类社会不可或缺的。如果没有人名，也没有地名，难以想象会是什么样的状况。尤其是当今社会，高度信息化时代，如果没有人名、地名，就会混乱不堪。当今社会人与生俱来的诸因素当中，其中一个为出生地，而出生地的唯一符号就是地名。

我们常常问：“你从哪儿来，要到哪儿去。”要回答这个“哪儿”就得有地名。地名在我们日常生活中非常重要。

不仅如此，地名还蕴藏着丰富的文化内涵，由中央广播电视总台和民政部联合摄制的地名文化节目《中国地名大会》持续热播，其中一句开场白是“从地名看文化，从文化看中国”。可以说，要了解文化，地名是一面镜子。

地名是不同历史时期不同民族社会活动的产物，是一个地域的历史见证和文化积淀，是一座城市的历史年轮和生活轨迹，是一种用特定的语言形式承载的特殊的文化现象，是人类历史的活化石。联合国第5届地名标准化会议第6号决议（1987）指出："地名是民族文化遗产"；联合国第9届地名标准化会议第9号决议（2007）进一步明确"地名属非物质文化遗产"，鼓励负责地名的正式机关"根据《保护非物质文化遗产公约》的使用标准，清点整理地名"。

2012年7月，民政部印发《全国地名文化遗产保护工作实施方案》，印发《方案》的《通知》指出："地名文化遗产是重要的中华民族文化遗产，是宝贵的文化财富"；2017年1月，中办、国办印发的《关于实施中华优秀传统文化传承发展工程的意见》，在"重点任务"中提到"保护传承文化遗产"，"推进地名文化遗产保护。"

2022年4月21日，国务院颁布了新修订的《地名管理条例》，自2022年5月1日起施行，这是我国地名管理工作具有里程碑意义的一件大事。与1986年制定的《地名管理条例》比较，最大的区别在于新《条例》第一章总则的第一条，开宗明义就指出"传承发展中华优秀文化"。1986年的《条例》中没有出现"文化"一词，而2022年的《条例》中"文化"一词出现了21次，而且辟专章第四章《地名文化保护》，共5条，照录如下：

第二十三条　县级以上人民政府应当从我国地名的历史和实际出发，加强地名文化公益宣传，组织研究、传承地名文化。

第二十四条　县级以上人民政府应当加强地名文化遗产保护，并将符合条件的地名文化遗产依法列入非物质文化遗产保护范围。

第二十五条　县级以上地方人民政府地名行政主管部门应当对本行政区域内具有重要历史文化价值、体现中华历史文脉的地名进行普查，做好收集、记录、统计等工作，制定保护名录。列入保护名录的地名确需更名的，所在地县级以上地方人民政府应当预先制定相应的保护措施。

第二十六条　县级以上地方人民政府应当做好地名档案管理工作。地名档案管理的具体办法，由国务院地名行政主管部门会同国家档案行政管理部门制定。

第二十七条　国家鼓励公民、企业和社会组织参与地名文化保护活动。

由此可见，地名文化是中华优秀文化的重要组成部分，我们有责任保护好我们的优秀文化，更有义务传承和发展我们的优秀文化。

2014年12月20日，习近平总书记在庆祝澳门回归祖国15周年大会暨澳门特别行政区第四届政府就职典礼上指出："中华民族在几千年历史中创造和延续的中华优秀传统文化，是中华民族的根和魂。"

地名是民族文化遗产，保护和传承地名文化遗产是我们的神圣职责。那么，到底什么是地名呢？

地名是一定地域的语言、文字标志，是语言中的专有名词，是人类历史的活化石。著名语言学家李如龙对地名的定义有一定代表性："地名是一定的社会群体为特定的地域所约定的专有名称。各种类别、各种层次的地名形成一定的系统，这些系统与地域的自然环境有关，反映了现实和历史的社会生活的特点。地名有命名时的初始意义，也有命名后随着地域的驰名而获得的特征意义，但地名最重要的基本含义还是在于指明一定地域的方位、范围和所属的地理类别。"

地名贮录着丰富的语言、历史、地理、经济、民族、社会等信息。中国地域广袤，历史悠久，民族众多，是世界上地名数量最多的国家，堪称地名资源的"富矿"。中国地名资源的"富"不仅体现在地名数量，也体现在地名的书写形式——汉字，特别是地名专用字。中国有十分丰富的地名用字资源，这是一个地名研究的聚宝盆，也是汉字研究的重要组成部分。

一、地名是我们的根和魂之所系

走进川外校园里，第一个路口竖着一块不大的牌子，上书"三花路"，每到开学季与毕业季，总有不少学生，在"三花路"牌子下拍照，着礼服、捧鲜花、露笑脸，有时还排着队留影，这些场面成为川外校园一景。川外的路牌不止这一个，为何大家都喜欢在此留下倩影呢？答曰：留的哪里是"影"？分明是"根"！今天的川外，五迁校址，四易校名，大多数师生都说不全过去的川外在哪儿，但都依稀记得，早期的校址大概在一个叫"三花石"的地方。三花石，那是川外的根。今天的川外搬过无数次"家"，多少宝贝都散佚了，但怎么也散不去咱们的根，三花路也就由此而来。无疑，三花路是川外最值得挂念的地名，新来的学生要去触摸过去的历史，毕业的校友要去留下美好的记忆。

三花路是地名，"川外"更是知名的地名。公交210线、821线都设有"川外站"，因四川外国语大学而得名。总有人问，重庆直辖都25年了，怎么还叫"四川……"，而不叫"重庆……"，也有人甚至误认为四川外国语大学在成都或者绵阳，也有人建议改名为重庆外国语大学或者西南外国语大学。校名一旦成为地理标识，也是地名。四川外国语大学早已成为地理标识，而且是一所知名大学，已有72年历史。1950年，在邓小平、刘伯承和贺龙等老一辈无产阶级革命家的亲切关怀和指导下成立，1959年名四川外语学院，郭沫若亲笔题写了校名，2013年，更名为四川外国语大学。更名环节，也曾有动议与当时的国内几所外语类大学命名方式一致，以所在城市命名，且教育主管部门对大学命名有相关规定，不得用属地以外的政区名称命名。由学院变大学后，"四川"二字仍得以保留，正是对川外历史的延续，正是对川、渝本是一家的深刻记忆，也正是对自古就"巴山蜀水"连言的文脉赓续。尽管重庆已经直辖，但川外的校名仍保留着"川"字号，是历史文化的延续，也是我们的根之所系。

川外的学子，都对嘉陵江、歌乐山有一种情怀。川外的校歌里有"歌乐山下，嘉陵江边，我们谱写抗大的新篇"，有山有水，是山清水秀之地。川外的校友遍布五湖四海，总忘记不了沙坪坝、烈士墓这些地名，因为这是川外所在的地方，是校友们求学成长的地方，这些地名是学子们求知的记忆所在。求学在外，远离故土，游走他乡，几年几十年，儿时的记忆总是最深刻的，最难忘怀的，家乡的地名总是深深地印在自己的脑海里，即使是家乡的小地名，在外人看来，那地名的字难写，音难记，对自己却总是那么的亲切，那么好写好记，那是故乡的情，那是乡愁的记忆所在。

地名是我们的根和魂，家乡与母校的地名总是我们魂牵梦绕之所系。

二、中国地名文化遗产保护工程

2007年8月，联合国第九届地名标准化会议确认地名为非物质文化遗产，适用《保护非物质文化遗产公约》。中国政府率先制定了《地名文化遗产鉴定》行业标准（MZT033-2012）。中国地名研究所于2004年启动了"中国地名文化遗产保护工程"研究课题，从地理位置、历史起源、文化内涵、现实价值等方面制定地名文化遗产鉴定标准，解决当前地名文化遗产保护中部分认识混沌、盲目浮躁等问题，以此促进我国地名文化遗产保护工作健康有序开展。

《地名文化遗产鉴定》行业标准适用于千年古县、千年古镇、千年古村落、甲骨文或金文地名、少数民族语地名、著名山川以及近现代重要地名文化遗产的鉴定。我国现有千年古县897个，千年古镇1000多个，千年古村落7000多个，甲骨文地名500多个，著名山川上千个。

其实，早在1980年代，中国政府就开始重视历史地名了，在1982年就确定了第一批国家级历史文化名城24座，此后1986年、1994年又公布了第二批38座、第三批37座，三批共99座。2001年开始不定时增补，至今已公布141座。

中国政府于2005年颁布了《历史文化名城保护规划规范》，确定了保护原则、措施、内容和重点。2008年颁布了《历史文化名城名镇名村保护条例》，规范了历史文化名城、名镇、名村的申报与批准。已经确认的国家历史文化名城141座如下：

第一批24座国家历史文化名城于1982年2月8日确定。

北京、洛阳、开封、南京、承德、大同、泉州、景德镇、曲阜、扬州、苏州、杭州、绍兴、荆州、长沙、广州、桂林、成都、遵义、昆明、大理、拉萨、西安、延安。

第二批38座国家历史文化名城于1986年12月8日确定。

商丘、天津、保定、济南、安阳、南阳、武汉、襄樊、潮州、重庆、阆中、宜宾、自贡、镇远县、丽江、日喀则、韩城、榆林、武威、张掖、敦煌、银川、喀什、呼和浩特、上海、徐州、平遥县、沈阳、镇江、常熟、淮安、宁波、歙县、寿县、亳州、福州、漳州、南昌。

第三批37座国家历史文化名城于1994年1月4日确定。

郑州、正定县、邯郸、临淄区、浚县、随州、钟祥、岳阳、肇庆、佛山、梅州、雷州、柳州、琼山区、乐山、都江堰、泸州、建水县、巍山县、江孜县、咸阳、汉中、天水、同仁县、新绛县、代县、祁县、吉林、哈尔滨、集安、衢州、临海、长汀县、赣州、青岛、聊城、邹城。

"前三批"之后的不定时增补42座:

2001年:山海关区、凤凰县。

2004年:濮阳市。

2005年:安庆市。

2007年:泰安市、海口市、金华市、绩溪县、吐鲁番市、特克斯县、无锡市。

2009年:南通市。

2010年:北海市。

2011年:宜兴市、嘉兴市、太原市、中山市、蓬莱市、会理县。

2012年:库车县、伊宁市。

2013年:泰州市、会泽县、烟台市、青州市。

2014年：湖州市、齐齐哈尔市。

2015年：常州市、瑞金市、惠州市。

2016年：温州市、高邮市、永州市。

2017年：长春市、龙泉市。

2018年：蔚县。

2020年：辽阳。

2021年：通海县、黟县、桐城。

2022年：抚州市、九江市。

三、地名所见社会结构

长期以来，中国社会都存在城乡二元结构。城乡二元结构在地名上是否有所反映呢？我们以重庆为例进行探讨。

重庆市面积为8.24万平方千米，南北长450千米，东西宽470千米。2009年底，重庆户籍人口总量3275.6万。共辖40个区、县（自治县），其中，19个区、17个县、4个自治县。共设街道156个、镇574个、乡278个。设乡、镇级以上政区总共1048个。也就是说，至2009年底，重庆市共有1048个政区地名。

我们考察政区地名，没必要考察"乡""镇""街道""县""区"等政区通名，只考察专名部分。由于汉语一个音节就用一个汉字表示，一个汉字基本上就是一个音节。所以，在叙述中有时用"音节"代替"字"，说单音节就是一个字，双音节就是两个字，多音节就是含3个或3个以上汉字，以此类推。

我们对这1048个政区地名进行了系统全面的梳理，有不少的发现。其中，比较有代表性的是，城乡二元结构在重庆市政区地名上有明显反映。

（一）重庆政区地名及其音节构成

从音节构成看，重庆市1048个区、县、乡、镇、街道名称中，有4音节地名1个，3音节地名107个，双音节地名938个，单音节地名2个。双音节地名占绝对多数。如果只统计乡、镇、街道名称，不计区、县名称的话，1008个乡镇级地名中，4音节地名1个，3音节地名104个，双音节地名903个，没有单音节地名。不管从哪个角度统计，结果都是，双音节地名占了地名总数的90%。双音节地名是主流，可以说专名部分基本上是双音节的。我们把3个或3个以上音节的专名，称为多音节地名，把2个汉字的专名叫做双音节地名或双字地名，把1个汉字的专名叫作单音节地名或单字地名、单名。

下面是重庆市所属区、县、乡、镇、街道名称音节数量统计表：

表1　重庆市政区名称音节数量统计表

政区通名	地名数量	4音节	3音节	双音节	单音节
区	19	0	3	16	0
县	21	0	0	19	2
街道	156	1	68	87	0
镇	574	0	28	546	0
乡	278	0	8	270	0
合计	1048	1	107	938	2

从表1的统计情况来分析，4音节与单音节数量极少，只有3个，可以忽略不计。而这3个少数地名，是可以得到解释的，也就是说它们的产生缘由是说得出道理的。

4音节的街道地名只有1个"茶山竹海"。这个街道设置的时间非常短，于2009年5月7日，经重庆市政府批准，永川区调整茶山竹海景区内板桥镇、金龙镇、大安镇、中山路街道、胜利路街道5个镇街的行政区域，设立茶山竹海街道（渝府〔2009〕55号）。"茶山竹海"这一名称是改革开放以后，伴随着永川箕山竹海与茶园风景区的开发而诞生的。在茶山竹海街道设置之前，"茶山竹海"这一名称也仅仅存在不过二三十年时间。

单音节名称有2个：开县、忠县。这两个县名都是古代县名。在中国古代县名中，单音节县名是比较常见的，如达县（四川省）、万县（今万州区）、巴县（今巴南区）、枳县（今涪陵区）、通县（今北京通州区）、泸县（四川省）、珙县（四川省）等。

4音节和单音节地名算是一个特例，已如上所述，下面我们对乡镇街道级政区名称的音节结构进行剖析时，只看3音节和双音节地名。先看各自的统计数据：

表2　重庆市乡镇街道级政区名称双音节、3音节名称统计分析表

	街道（156个）		镇（574个）		乡（278个）	
	数量	比例%	数量	比例%	数量	比例%
3音节	68	43.6	28	4.9	8	2.9
双音节	87	55.8	546	95.1	270	97.1

从表2可以看出乡、镇、街道名称与音节数量之间的关系。

就3音节地名而言，156个街道名称，就有68个3音节地名，所占比例为43.6%；574个镇的专名中，有28个3音节地

名，所占比例为4.9%；278个乡的专名中，有8个3音节地名，所占比例仅2.9%。从街道名称、镇名称、乡名称的3音节数量所占各自总量的比例来看，呈递减趋势。街道名称中，3音节地名的比例高达43.6%，而乡、镇名称中的3音节地名的比例却很低，平均起来不到4%。街道名称中的3音节地名数量比值，是乡、镇名称中的3音节地名数量比值的10倍。

就双音节地名而言，156个街道名称，有87个双音节地名，所占比例为55.8%；574个镇的专名中，有546个双音节地名，所占比例为95.1%；278个乡的专名中，就有270个双音节地名，所占比例高达97.1%。从街道名称、镇名称、乡名称的双音节数量所占各自总量的比例来看，呈递增趋势。

两相对照，由"街道"名到"镇"名再到"乡"名，3音节数量呈递减趋势，双音节数量呈递增趋势。一减一增，十分清楚。而且，乡、镇、街道就行政级别而言，同属一个级别。就地名的音节数量来划分，明显是两个层次，街道是一个层次，乡、镇是另一个层次。街道的3音节地名比例超过街道名称总量的43%，而乡、镇的3音节地名比例却不到乡、镇名称总量的5%。街道的3音节地名比例高出乡地名3音节比例的8倍。而双音节地名的情况刚好相反。街道的双音节地名比例只有街道地名总量的55.8%，而乡、镇的双音节地名比例却高达95%以上。所以，街道名称的音节数与乡、镇名称的音节数有明显的不同。可以划分为明显的两个层面，一个是双音节与多音节地名几乎平分秋色，而另一个却是双音节地名几乎一统天下，多音节地名却十分稀少。

街道名称的平均音节数为2.45个音节，乡、镇名称的平均音节数是2.04个音节。街道名称的平均音节数远远超过乡、镇名称。本是同一个行政级别的乡、镇名称与街道名称，在音节数量上差距如此之大，其中定有玄机。

（二）乡、镇多音节地名多非传统地名而是现代更名而成

乡、镇多音节地名本来就很少，在对乡、镇多音节地名的调查中，我们还发现一个现象，即使如上所说，乡、镇名称中的3音节地名里，还有不少并非传承下来的历史地名，而是后来更改的现代名称。这些3音节乡、镇专名，大多走过了从双音节到多音节的发展过程。

在36个3音节的乡、镇地名中，有26个原本是双音节地名，因为各种原因，后来发展成3音节地名了。这样的地名超过了乡镇3音节地名的70%。从原初地名来看，都是双音节地名，后来都发展成为多音节了。都走过了从双音节更名为多音节的演变过程。这些双音节地名更名的目的和动机不完全相同，大致有如下类型：

1.借风景名胜之名。为了扩大知名度，借用风景名胜区的名称代替政区名称，这样使政区知名度与风景名胜区的进一步开发与宣传相互结合，彼此沾光。这类地名的更名目的非常明确。如：

阿蓬江镇，原名两河乡，2007年更名阿蓬江镇。阿蓬，为土家族语，意为雄奇秀美。因阿蓬江风景区而更名。

这类地名还有：

金刀峡镇，原名石河乡，为开发金刀峡风景区，2000年10月，组建金刀峡镇。

南天湖镇，原名三汇乡，因南天湖风景区而于2003年更名。

九龙山镇，原名九龙乡，1992年，因境内有九龙山景区

更名。

黎香湖镇，原名土溪乡，为开发黎香湖风景区，2009年6月更名。

小南海镇，原属新建乡，2001年，因境内有小南海风景区而更名。

仙女山镇，原名白果乡，2002年，因仙女山风景区而更名。

玉峰山镇，原名关兴乡，2002年，因境内玉峰山景区而更名。

武陵山乡，曾名龙塘乡，2002年，因武陵山风景区而更名。

2.突显地名经济特色。为了促进地方经济发展，把地名的更改与地方经济建设与发展相联系，突出地方经济特色和发展战略。以"东温泉镇"的更名为代表，原来的镇名"东泉"不能体现"温泉"特色，更名为"东温泉"后，其"温泉"特色在名称上就得到了直接体现，特色也就凸显了出来。我们在"重庆市巴南区东泉镇公众信息网"上看到这样的描述：

东泉镇充分利用以温泉为代表的旅游资源，抓住重庆市建设"温泉之都"的机遇，发挥优势重特色，强化旅游抓发展，大力实施温泉经济强镇战略，着力打造"西部第一泉"。

2001年7月，乡镇建制调整后由原来东泉、五布镇、天赐镇、清和乡合并而成，镇政府所在地距重庆市区50余公里。

在2001年7月以前，东温泉镇名叫东泉镇，在乡镇撤并大潮中，合并三镇一乡，建立新的镇，取名东温泉镇。由双音节的"东泉"更名为3音节的"东温泉"是为了"实施温泉经济强镇战略"。

3.避免重名，将双音节地名更名为多音节地名。如：

清溪场镇。原名清溪乡，1980年，为避重名更名为清溪场公社，1985年建清溪场镇。原本是双音节地名，因避重名更名为3音节地名。

4.全名变专名。原名本是"专名+通名"，后来将全名变为新名称的"专名"，在原有全名基础上另加通名。如：

铜罐驿镇。清代系驿站，名铜罐驿。铜罐驿乃专名"铜罐"加通名"驿"，是全名。1930年，设铜罐驿乡，全名"铜罐驿"缩为专名，另加通名"乡"而成铜罐驿乡。

像铜罐驿镇这种由原本的"专名+通名"结构的全名变成新名称里的专名的地名，还有：清溪场镇、双龙场乡、白市驿镇等。

36个乡镇多音节地名，多数都是后来更名而变成多音节的，真正从原初状态传承下来的多音节地名并不多见。尤其是改革开放以来更改而成的多音节地名带有时代的气息，受到了现代商业经济和传媒文化的影响。这类地名，我们可以把它们叫作现代多音节地名。以便与从历史上传承下来的传统多音节地名区别开来。

从数量上看，多音节的乡镇地名中，传统多音节地名是少数，现代多音节地名占绝对多数。现代多音节地名都是由传统的双音节地名更名而来。

（三）重庆政区地名的二元结构

前面我们谈到，街道名称的平均音节数远远超过乡、镇名称。与街道名称相比，乡、镇名称中的3音节数量本来就很少。即使如此，3音节的乡、镇名称中还有超过70%的地名是由原来的双音节地名更改而来的现代地名。乡、镇名称与街道名称，本属同一个行政级别，在音节数量上差距如此之大，其中的玄机在于：重庆政区地名的二元结构。

通过对重庆市所辖不同区域、不同政区名称的音节数量详加考察后，我们发现了这样的事实：地名的音节结构和音节数量与城市化进程或都市化水平存在着某种程度的关联，甚至与人口密度也有着某种联系。地名的音节数量与城市化或都市化水平有一定联系，多音节地名所占比例与都市化水平、城镇化进程成正比。我们发现，双音节地名的比例越低，而多音节地名的比例越高的成片地域里，都市化水平或城镇化进程也越高；多音节地名的比例越低，双音节地名的比例越高的成片地域里，都市化水平或城镇化进程也相应的越低。不仅如此，地名音节的多少与当地的人口密度也有一定联系。多音节地名所占比例越高，双音节地名的比例越低的地区，人口密度相对来说也越高；反之，多音节地名所占比例越低，双音节地名的比例越高的地区，人口密度相对来说也越低。当然，那种零星的多音节地名和个案地名不具有代表性，不在这个讨论范围之列。

零星的多音节地名，在好几个区县都存在，但那些多音节地名既不像主城区的多音节地名那样，是成片的，也不一定全是历史传承下来的传统地名，其中有一大部分都是后来更名而成多音节的现代地名，还有一些是将原先的"双音节+通名"变成专名，然后再加上通名的。

个案地名，比如，渝中区的大坪街道。大坪街道原本不属渝中区，它是渝中区所有街道中距离渝中核心区最远的一个，大坪街道位于渝中区的最西端，距区政府5.7千米。大坪街道1995年才从沙坪坝区划入渝中区。大坪当时处于沙坪坝区的最东端。地理位置处于渝中区与沙坪坝区的交接地带。渝中区的街道名称，除大坪是双音节外，其余全是3音节的。渝中区既是重庆市的核心商业区，又是政治经济文化中心。渝中区或曰渝中半岛作为重庆都市区的中心城区，被喻为都市区中心的中心，核心的核心。都市化程度自不待言，人口密度也是所有区县中最高的。就是与全国其他大城市相比，其都市氛围与人口密度都算是非常突出的了。

多音节地名所占比例的高低与当地的都市化水平或城镇化进程及人口密度基本上是吻合的。如果以中心城区为圆心，向外围划圈，我们会看到一种奇特的现象，越是靠近中心城区，多音节地名越密集，越是远离中心城区，多音节地名越显稀疏。

通过我们的统计，3音节地名比例最高的是渝中区，高达92.31%。如果不计算大坪街道，则渝中区的政区地名100%为3音节地名。因为大坪街道是1995年才从沙坪坝区划入渝中区。除渝中区外，其他区、县的3音节地名按比例排下来，比较高的分别是：江北区（67%）（括号中的百分数表示3音节地名占该区、县地名总数的百分比。下同）、大渡口区（63%）、沙坪坝区（56%）、九龙坡区（50%）、南岸区（50%）、北碚区（35%）、双桥区（33%）、巴南区（27%）、渝北区（21%）。很明显，主城九区全部进入了前十位。

由此可以看出，多音节地名分布带有较强的都市化色彩，越是靠近都市核心区，多音节地名越集中。相应地，街道办事处名称中多音节地名越多或所占比例越高，该地域的都市化程度也就越高，作为都市的历史也越久远。远离主城区的区、县，多音节地名不集中，而是比较零星地分布着。主城九区的多音节地名非常集中。相反，与陕西、湖北接壤的渝东北，与湖南、贵州毗邻的渝东南，这两个片区是距离重庆市主城区最远的片区，那里好几个县没有一个多音节地名。

单看主城九区的多音节地名，我们还发现，除渝中区以外，其余8个区的多音节地名比例都在70%以下。这个比例恰与这些区居民聚落的城市化比例基本相当。这8个区，并不是所有的人都生活在城市里的，有的还生活在乡村。多音节地名的比例大体上反映了生活在城市与生活在乡村的人口比例。这一发现，让我们颇为惊讶：地名的用字和地名的音节数量居然与都市化水平及人口密度关联极大。

（四）结论

重庆市政区地名二元结构的特点：

（1）就地名的音节数量来划分，明显是两个层次，街道是一个层次，乡、镇是另一个层次。乡、镇名称中，双音节地名占绝对优势，超过95%，多音节地名很少；街道名称中，多音节地名与双音节地名几乎平分秋色。

（2）多音节地名越集中的区域，都市化程度也就越高。多音节地名与双音节地名之比，大体反映了该区域城市与乡村的二元格局比。

（3）多音节地名的增加，是与城市化进程相适应的。伴随着乡村的城市化，地名在音节数量上正反映了这一进程。可以预见，随着乡村的进一步城市化，将来地名的演变趋势将是多音节地名进一步增加，而双音节地名逐步减少。地名是社会发展的一面镜子，地名多音节化是城市化进程的真实映照。城市化将使地名多音节化。

四、地名所见城门文化

法国学者皮埃尔·诺拉（Pierre Nora）提出了"记忆场"这一概念。而后，作为一门新兴的跨学科的前沿话题，文化记忆研究日益受到学界重视。诺拉认为："记忆场首先是残余物，是最外部的形式，在这种形式的包裹下，一种铭记的意识存活在历史中，历史在召唤着它，因为历史不认识它。"按照诺拉的说法，记忆场是"物"，同时也是一种"形式"，这种"物"和"形式"与我们通常所说的物、形式既有共同之处，又有所区别。区别就在于，它们是另外一种历史。这"另外一种历史"包含了"物质、象征和功能三方面意思"，这三方面的意思总是共存的，能够在"某些特定的时刻集中唤起回忆"。这样的"唤起"旨在"让最多的意义包含在最少的符号之中"。

老重庆的古城门算得上"最少的符号"，这少许的几个"符号"的确把"最多的意义"包含在其中了，而且在非物质文化遗产越来越受到重视的今天，的确能发挥"集中唤起回忆"的作用。我们不妨围绕这几个符号来梳理一下老重庆的城门文化及其记忆。

（一）老重庆与重庆老城门

"重庆"在不同的历史时期指称不同的范围。老重庆一般指古代的重庆城，一直是现今重庆市及川东地区的政治、经济与文化中心，在这一区域具有强大的辐射力和影响力。

老重庆城地处长江与嘉陵江的交汇处，三面环江，形如半岛，称为渝中半岛。这个半岛大体呈东西走向，西与陆地相连，东、南临长江，北临嘉陵江。在过去漫长的岁月里，由水路入川，重庆是必经之地，也是进出四川的物资集散地。从这里向西沿长江上行，经岷江、沱江可通川南、川西、川中各地，朝北由嘉陵江北上，经涪江、渠江，可远达川北及秦巴山区。

老重庆城就建筑在这个形似鸭舌状的渝中半岛上。在中国古代城市记忆中，重庆城很独特。古代的重庆城有城墙和城门，这与中国古代所有的城市一样，没有太大区别。但重庆古城与其他古城相比，至少有两点不一样：1）古代城市的城墙外往往有与之相伴的深壕，叫作"池"，一般称护城河，重庆古城的城墙四周没有这个被称为池的护城河。当然，如果把环抱古城的长江、嘉陵江算作"池"的话，那就没有比这更宽更深更牢不可破的护城河了。2）其他古城上的城门一般都是可以打开关闭的，可以开合自如，是进出城市的通道，而老重庆的城门不都是这样，差不多一半的城门根本就不能开合，连开合的机关也没有，更谈不上自如，不能开合的城门不是进出城市的通道。这种门被称为"闭门"。与之相反，具有进出功能的门叫"开门"。这两点不一样，第1条是地势使然，第2条却与地势无关。城门分开门和闭门两种，这恐怕算是重庆的创举。

追溯历史，重庆城的修筑至少有2000多年了。据现有文献记载，最早在重庆修筑城垣的是战国时期的张仪。秦灭巴国后，秦惠文王更元九年（公元前316年），置巴郡，派张仪在江州修筑城垣。张仪筑城之后的1000多年里，重庆城经过多次扩建，在明代初年最终定型。经明清两代，直到民国初年，城市格局基本没有太大变化，城墙与城门虽经多次修缮，但大的格局一直保留下来。明初所筑城墙及城门，其规模与格局至少保持了500多年。今天，虽然城墙已不复存在，城门也仅存2座，但城门的名称却留存至今。古城的城门及其名称，已经成为了永久的记忆。

明洪武四年（公元1371年），是朱元璋登基称帝的第四年。时任重庆卫指挥使戴鼎，在先辈所筑重庆古城的基础上，重新规划修筑城墙和城门。从公元1371年到1398年，历时27年，完全以条石为材料，修筑成了一座城墙高10丈，周长2660.7丈，有17道城门的重庆城。

据东水门城墙上的石刻碑文《东水门及古城墙》载，戴鼎所建条石城墙，"高十丈，周二千六百六十有七丈，环江为池，门十七，九开八闭，象征九宫八卦"。可见，戴鼎所筑重庆城，设置了17座城门，其中，9座开门，8座闭门，即所谓"九开八闭"。之所以设九开八闭，是为了象征"九宫八卦"。

清乾隆十六年（公元1751年），巴县知县王尔鉴主持纂修的《巴县志》叙述巴县城（今重庆渝中半岛）时作如下记载："明洪武初，指挥戴鼎因旧址砌石城，高十丈，周二千六百六十丈七尺，环江为池，门十七，九开八闭，象九宫八卦。朝天、东水、太平、储奇、金紫、南纪、通远、临江、千厮，九门开；翠微、金汤、人和、凤凰、太安、定远、洪崖、西水，八门闭。"从1371年以后的500多年间，重庆古城依旧维持着戴鼎时代所奠定的规模和格局。这种格局直到1920年代才因城市规模的扩大而改变，部分城垣和城门遭到拆毁。此后的数十年间，绝大部分的城垣和城墙都被拆毁了。

如今仍保留下来的只有东水门和通远门。

今天，我们要看戴鼎所筑古城的模样图，最便捷的有两个地方：一是朝天门广场西侧的墙上，那里刻有一幅清乾隆年间绘制的《重庆古城图》；二是中国三峡博物馆的展厅里。图上标注了17座城门及名称，在八座闭门下分别注了一个"闭"字（见下图）。

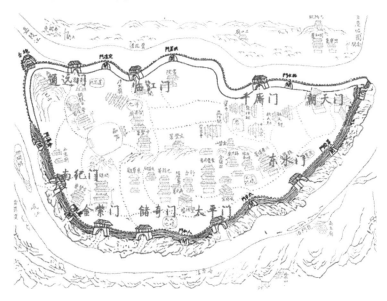

重庆古城的17道城门，分为9道开门和8道闭门。开门是进出重庆城的正式通道，和其他城市的古城门一样，是供人和车马正常进出的大门。闭门有城门的形制，有城门的模样，城门却长年关闭，不具备城门的基本功能，不能供人和车马正常进出。严格说来，闭门根本就不是"门"，只是有个"门"的虚名而无"门"之实用功能，纯粹是一个摆设罢了。

（二）九开八闭：风水文化与风水记忆

重庆城的规模并不大，为什么有多达17座城门，且其中还有8座关闭着的城门呢？

古代的城市修筑城墙主要是用于军事防御，建城门则是供人出入。古重庆城处于长江与嘉陵江环围的半岛上，三面环水，一面连山，地形复杂，地势蜿蜒崎岖，不能像其他城市那样方方正正地修筑城墙，正南齐北地修建城门，只能按照地理条件及交通需要因地制宜，随地赋形，倚山傍势，因而城墙不是"横平竖直"的直线，而是随山就水的曲线，城门的修建也只能随山就水，按需要而定，方便出入，所以城市是个不规则形，城门之间的距离也远近不等。除去8座闭门外，真正起城门作用的只有9座，这个数量就不算多了。当时明朝都城应天府（今南京）有13座城门。

重庆古城门，为什么是"开九门，闭八门，九八一十七道门"呢？据民间传说，明初戴鼎修筑城墙设计城门时，请了高明的风水先生看地形测风水，并按"金、木、水、火、土"五行来确定设置城门的方位，以"九宫八卦"之象来确定城门的数量。所以就有意识地设置九开八闭17道城门，这17道城门是按照"九宫八卦"之象确定的，"九开八闭"恰与"九宫八卦"相吻合。

那时代信奉风水本不稀奇，但筑城建城门也这般迷信却令人难解。答案也许正与重庆城的地理条件和古代的重庆房屋建筑以及炎热的气候有关。

古代重庆的房屋大都是竹木结构，多依山就势而建，重重叠叠、参差错落。密集的竹木民居在炎热的重庆，一旦失火，往往延烧数街，火势难控，防火灾就成了重庆城的重大任务。或许是城门的设计者，想通过某种思路来消减可能发生的火灾。所以在设计城门时，就分为开门和闭门。开门对应着"水"，闭门对应着"火"。闭门就是旱门，"旱"者"火"也。在五行中，水是克火的。修建时，开门修得大而闭门修得小。除通远门外，开门都距江边较近，闭门距江边较远且修得小。既然五行中"水"可克"火"，所以设计者便将靠近两江的朝天门、千厮门、临江门、南纪门、金紫门、储奇门、太平门和东水门等8座规模较大的"水"门"开"着，通远门虽距两江相对较远，但它是通向西北远方的大门，自然也得"开"着；将翠微门、太安门、人和门、凤凰门、金汤门、定远门、洪崖门和西水门等8座"旱"门关闭着，且除金紫门与储奇门外，每两座"水"门之间夹一座"旱"门，使开门与闭门交替排列。如朝天门、东水门之间夹翠微门，东水门、太平门之间夹太安门等等。如此一"开"一"闭"地连成一个环状，以"水"克"火"，防止火灾的发生。而且，开门9座，闭门8座，开门多1座。多这1座寓意开门压过闭门，使火种闭灭。这也许就是传说中的当初设计者的思路。九开八闭17道城门就是这样设计出来的。这样的设计，是当时信奉风水的结果。如果风水也是一种文化，可以这样认为：老重庆城门的九开八闭所烙刻的正是那段风水文化及其记忆。

（三）朝天门的政治文化与政治记忆

朝天者，面朝天子之所在也。朝天门正对长江，就是面朝天子所在的帝王都城（明初建都于长江下游的南京）。那时代，皇帝号令天下，名曰真龙天子。取名"朝天"，政治意味浓烈，这个地名传达出封建威权至上，皇权威达天下，四方臣服天子的历史记忆。而且，在彰显皇威与臣服这一主题上，单单朝天门一个地名似乎还不够鲜明。设身处地，当你在江边码头下船之后，沿着高高的整齐的石阶逐级而上，穿过宏阔的朝天门城楼继续向前，脚步前方恭候你的有两条街道：接圣街、圣旨街。接圣街后来更名信义街，圣旨街也更了名，成为新华路的一部分。把朝天门、接圣街和圣旨街这三个相关的地名联系起来，就不难理解这样的历史记忆了：朝天门及门内的街道名称，深蕴政治内涵，彰显着封建官场气派。当时的民谣谓"朝天门，大码头，迎官接圣"，把过去的朝天门在古城17门中所独具的码头文明和政治文明概括得淋漓尽致。"迎官接圣"，是说上级有重要官员来重庆，或者皇帝有圣旨、诏谕到重庆，都在朝天门码头靠岸，地方官员也到朝天门码头迎接，这也是朝天门得名的依据。朝天门的得名寓意以及朝天门独具的政治地位，深深地烙进了"朝天门"这个语词里。朝天门，不仅是一座城门，更是一个有着巨大诱惑力的"金水桥"——通达显赫与威权的必经之途。有人日夜期盼着钦差登临朝天门，送来朝廷的嘉奖或圣旨；有人天天梦想着能穿越朝天门，下长江过三峡到京师，或赶考或发财或升官，最好是能叩见圣上，得以提拔。可以说，朝天门以及朝天门码头，发生过多少感人的故事，这里的每一级石阶，都曾记录着希望与失望、期盼与梦想。有多少人从这里出发，实现了理想与愿望，望门笑颜；又有多少人带着遗憾与惆怅，艰难地攀爬这陡陡的石阶，望门兴叹。

作为物质的朝天门早已荡然无存，甚至"残余物"都找不到了，但它作为一个象征符号，一个文化记忆单元，无时不在唤起那段历史的记忆，以及对过去的缅怀。绵绵数百年的记忆，并不因实物门楼的拆除而消逝，反而更加强烈地反复叙述着过往岁月的荣华与尊显、希望与失望、欣喜与悲催。这里发生的大喜大悲，莫不烙刻在朝天门。

朝天门，一个官味十足的名称，一个洞悉官员心态的名称。不论是大官小吏，抑或是贪官污吏，恐怕没有不想攀龙附凤，没有不想步步升迁的。毫无疑问，在过去的岁月里，没有人不希望官运亨通，一人升天，鸡犬升焉。官运升迁的路线图就在这"朝天门"三个字。升迁的线路是朝着天子所在的方向，升迁的终点是朝廷。若能一路升迁，最后做上朝廷大员或一品要员，那才是耀祖光宗的最大理想。理想即便难以实现，就算是梦，做的也大有人在。回过头去审视当初给这个城门起名字时的心态与愿景，是不难看出来的。只是理想放飞，现实落地。

落地的是什么样的现实呢？

穿过朝天门的门洞，继续向城内走，接下来的两条光滑的石板路就是现实：接圣街、圣旨街。这两条紧连着朝天门的大街，是要迎接高官圣旨的。这两条街道名称透露出三条现实信息：现实一，对朝廷派来的高官要员，得隆重地欢迎，接圣街就承载着这个使命；现实二，未来的升迁或与欢迎的隆重程度有联系，一点怠慢不得；现实三，要想升迁，先得迎合上级高官，再祈盼圣旨到来。当时的民谣所谓"迎官接圣"高度概括了这三个现实信息。接圣街，这"接圣"二字与朝天门的"朝天"二字映射的是两种心态与境界，"朝天"是理想，"接圣"是现实。站在高高的朝天门城楼上，浩浩长江滚滚东去，遥望京师，理想的升迁美景，就像眼前这长江的美景一样，前面既有三峡的湍急和暗礁，又有千峰万壑的云山雾水相阻隔。"路漫漫其修远兮"，实现理想不容易。要实现"朝天"的理想，还得先下城楼，站稳脚步。于是，走在门内的接圣街上，把握好迎官接圣的每一次机会，现实做得风光了，被迎之官高兴了，龙颜面前几多美言，实现自己"朝天"的理想就近前一步了。所以，这接圣街不是一条普通的街，尽管走在这条街道上的人绝大多数都是普通的人，但它有着特殊的使命，它的使命很不普通，这条街道也就不能普通了。它要比其他街道多一份庄严，多一份隆重，有时候还要多一些彩旗鲜花。放到今天，这条街就该叫作迎宾大道。当下的大小城市，入城的第一要道取名迎宾大道的，恐怕不少吧。今日之迎宾大道不正是对接圣街这一象征符号的深刻记忆吗？这记忆该是抹不去的吧？即使接圣街这一名称被信义街所取代，但那历史的记忆是无法被取代的。

接圣街不普通，圣旨街就更不普通了。单就圣旨二字，就足以让人肃然敬畏。君不见，电视电影里那壮观的场面，一声"圣旨到"，群臣伏地，俯首听命的场景，伴随着"谢主隆恩"的叩头声，多么让人敬畏呀。想想这条街道吧，它名字就叫圣旨街。你可以想象这条街上出现过多少那种场面，史书无法查证，只有那街道上的青石板烙刻着这些往事。当然，圣旨街这名称，封建意味太浓了，在新时代就被新华路这一名称取代。圣旨街这一名称便尘封在了历史书里。即使如此，它还是浮现在老人们的记忆里，它总能唤起一段回忆。提起圣旨街，还略略有一种庄严敬畏与肃穆。正像朝天门实物不存，但声名依旧一样，接圣街与圣旨街，街名在现实中不存在了，但它那份记忆还存活着，那段回忆还时时浮现。后来的新街道名称信义街、新华路，似欲阻断那段历史记忆。现在看来，更改名字是徒劳的。因为接圣街与圣旨街，已经铸成了记忆，按照诺拉的说法，"记忆的场所就成为了历史的场所"。

朝天门、接圣街、圣旨街，这一座城门两条街道，其实是三位一体的（不妨称作"一拖二"）。这一拖二共同编织着那一段记忆，那段记忆在今天看来依然那么地清晰。那段记忆把当年为政一方的执政者的理想与现实都真实地定格下来，朝天门定格在理想，接圣街、圣旨街定格于现实。由此，我们不得不惊叹当年的执政者，通过起名字把理想与现实就这么巧妙地融合起来了。在普通人看来，这种融合似乎天衣无缝，无懈可击。其实，历史上的重要地名的命名，总是掌控在少数人手中，由少数人甚至一个人说了算，普通大众根本没有话语权。少数服从多数的原则根本派不上用场，在古代社会中，这是一个普遍现象。朝天门、接圣街、圣旨街，这些名称的得来，不是由城中居民协商确定的，也不是约定俗成的，而是少数几个执政者"定则定矣"。这么一定名，政治理想与政治记忆就烙刻在"朝天门"三个大字的背后了。

（四）通远门的军事文化与军事记忆

通远门位于重庆城的西端，地处半岛中部的山脊上，占据重庆古城的制高点，是重庆城的军事要塞。同时，它又是全城唯一的一道只通陆路的关隘，是通往川中、川西及成都的陆路起点。通远者，通向远方之意。

通远门留给我们的记忆，既有神秘，又有自信。与朝天门不能孤立地看待而要视其为"一拖二"一样，通远门也不孤单，更不能孤立地看待这一道城门。通远门是典型的"1+3组合"。"1"是通远门，"3"分别指金汤街、金汤门和定远门。金汤街在通远门内侧，大致南北向。金汤门和定远门是紧挨通远门的两道闭门，金汤门在通远门西南，定远门在通远门东北。大致构成一个斜边三角形。为什么通远门要形成这个"1+3组合"而且要如此取名呢？

这与通远门的特殊地位和特殊身份分不开。通远门是老重庆城最重要的军事要塞，是唯一的陆路关隘，城门两侧都建有炮台，它也是重庆历史上遭受军事攻击最多的一道城门。它处在老重庆城的制高点上，是守护重庆的西大门，也是通向远方的陆路大门。这样的地位与身份使得它在17座城门中不同寻常。这"1+3组合"就是明证。

通远门身后不远有条纵向的街道名叫金汤街，寓意前方街边屹立的通远门，高墙耸立，城坚如铁，易守难攻，固若金汤。纵向的金汤街就好似竖在通远门身后的一道盾牌，南北延伸着，可看成是通远门的坚强后盾。不仅如此，在通远门左侧的西南角，还修了一道城门，取名金汤门，陪衬着通远门，护卫着通远门。金汤门城外是悬崖高谷，城门正对着长江边上的珊瑚坝上首。今天，这个地方可以望见沟通南岸与渝中半岛的长江大桥。在通远门的东北侧也有一道城门，名叫定远门，取义安定远方、镇定远方。定远门，面向嘉陵江；金汤门，面向长江。这两座闭门，分列通远门的左右两翼，恰似左膀右臂，闭锁两江，共同拱卫着通远门。金汤门与金汤街一道，让通远门固若金汤。定远门陪衬着通远门，既要通达远方，还要能镇定远方。一守一攻，一近一远。金汤门与定远门，左右相扶持，通远门身后还有一条想象若盾牌似的金汤街，这个"1+3组合"就可在心理上让城内安枕无忧了。这个组合展示了建城者的自信，既有防卫的自信，又含镇定远方的自信。这几个"物"及其"象征"伴随着它们的"功能"，一起成为了老重庆的记忆。这种记忆与朝天门的记忆有明显分工的不同，朝天门的记忆重在政治，通远门的记忆重在军事。

时至今日，通远门依然屹立着，金汤街也依然存在。金汤门与定远门早已不存。但，它们一起构成的记忆仍然在唤起那段回忆。

（五）太平门的理想文化与理想记忆

太平门是一道开门，在城的东南，地处太安门与人和门之间，具体位置在如今白象街西出口不远的江边。由于地理位置处于古城下半城中心地带，而且太平门与太安门之间的城内一带，又是重庆衙署的集中地，川东道、重庆府和巴县三大官府衙门和行台（大臣出巡时的临时驻地）、经历署都在这一带，所以，太平门一带成为了全城政治中心。也正因为太平门所在区域的政治地位，这道开门才取名"太平"门，希冀太平盛世、天下太平。太平门虽已不存，但其寄托着的天下太平的理想与历史记忆是抹也抹不去的。数百年来，朝代废兴，官员更迭，铁打的衙署，流水的官。这太平门寄托的"太平"理想究竟实现了几成？天下是否真如其名一样"太平"，历史已经给了答案。住在这太平门内的官僚府吏们，是否真的一心为公，一心为着"太平"奋斗，谁也弄不清了。

太平门旁边有道闭门，名人和门。起名"人和"，寓意人以和为贵，人与人只有和谐相处，才能过上太平日子。戴鼎将人和门置于太平门旁边，是有他的理想的。后来，也有人将"人和门"写成"仁和门"，这就与当初筑城门时命名者的主观意愿不一致了。人和门内往东方向有条街名"人和湾"，就是因"人和门"而得名的。

太平门还是重庆城门中最古老的两座门之一，至少在宋末就有了。上个世纪，人们在太平门修建房屋时，曾发现南宋时期烧制的城墙砖，砖上有"淳乙巳东窖城砖"和"淳乙巳西窖城砖"等字样。由此可见该门至迟建于宋代。实际上，早在宋理宗嘉熙四年（公元1240年），江西人彭大雅知重庆府时，为抵御元军入侵，大兴土木垒土筑城，便在这里筑了这道太平门。宋末，元朝军队围攻重庆四十年，太平门屡遭进攻而不破。重庆府署是宋末建的，就在太平门内，一直没有迁动。巴县县署地紧靠府属各署。明代全城编为八坊，以太平坊居首。清代全城编为二十九坊，仍以太平坊居第一坊。太平门所在区域在明清两代均排列第一位，尤见其地位当在众城门之首。古重庆的17座城门，按过去的数法和排列，也是把太平门排在首位的，依序按反时针方向绕城一周。足见太平门的"太平"二字昭示的历史文化与记忆非同寻常。

五、地名与生肖文化

地名属非物质文化遗产，在我国分布较广的生肖地名是我国地名文化遗产的重要组成部分，我国十二生肖地名最集中的省份当属贵州。贵州全省6个地级市3个自治州均有生肖地名，这个现象在我国省级政区里独一无二，特别是把生肖动物名用于标记农村集市贸易日期、集市贸易地点，进而成为地名，构成十二生肖系列地名，生肖名+"场"字地名是彝汉文化交流融合的产物，是彝汉共同的民族文化遗产，为中国地名文化增添了一道亮丽的地名景观。通过对贵州全省行政区划地名以及乡村聚落地名、社区地名进行全面系统的梳理，展示贵州省十二生肖地名的完整面貌，为地名文化遗产的研究与保护提供经过整理的基础数据和宝贵资料，增强文化自信，提高文化自觉意识。

十二生肖是中华传统文化的重要元素之一，除了用于历法纪年纪日纪时而外，在我国的一些地方，还用于标记农村集市贸易的固定场期、集市贸易地点，进而成为地名，构成十二生肖系列地名，为中国地名文化增添了一道亮丽的地名景观，在世界地名文化大观园里独树一帜。十二生肖地名最集中的省份当属贵州，贵州省十二生肖地名的完整面貌和详尽数据如何呢？我们对贵州全省行政区划地名以及乡村聚落地名、城镇社区地名进行了全面系统的梳理，以期展示贵州省十二生肖地名的完整面貌和详尽数据。从民族、文化、语言、认知等多角度考察贵州十二生肖地名，为地名文化遗产的研究与保护提供经过整理的基础数据和经过论证的宝贵资料，增强文化自信，提高文化自觉意识。

（一）纪日到标地的转换

所谓十二生肖地名是指地名专名中含有十二生肖用字的地名。十二生肖地名的语源不一，有源自地形地貌特征的，状若某生肖动物而得名，如龙头山，地形似龙首而得名；马鞍山，地形酷似马鞍而得名。有源自农村集市贸易场期，以对应的十二生肖日标记场期而得名，如，龙场、马场、猪场，分别为辰日、午日、亥日赶集而被命名的集市贸易地。

有固定场期的集市贸易活动，北方称赶集，约定的集中买卖集日，称赶集日。有的方言称赶圩、圩日，有的方言称赶街、赶街日。贵州方言称赶场、赶场日，也有叫趁墟、墟市的。与贵州同属西南官话的重庆、四川方言里最普遍的叫法是赶场、赶场日、逢场天、当场天。为什么叫赶场呢？因为这种朴实而原始的集市贸易活动最先是在坪坝之地进行，称场坝，至今还有"赶坝坝场"之说。唐宋以降，农村集市渐兴，明清定型。贵州多地均以干支纪日，为便于记忆，集市贸易的场期以干支日对应的生肖为名。"辰"日赶集，便称赶"龙"场；"午"日赶集，便称赶"马"场；"亥"日赶集，便称赶"猪"场。久而久之，与生肖日对应的赶场地点，就称为龙场、马场、猪场。定期赶场的这块集市地方，居民聚集，由三五户聚落，发展成街道乡镇，原本标记场期的生肖日，转指赶场的集市地，进而成为地名，后来成为村名、乡名、镇名、社区名。生肖字完成了从标记时间到标记地理空间的转换，即完成了从单纯纪日到纪日同时标地，最后成为地名的转换。

这类地名的得名线索，以马场得名为例，我们可以从认知角度概括图示如下：

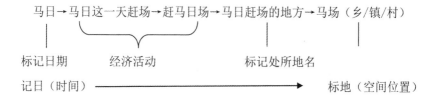

马日，本是在干支记日的基础上，以对应的十二生肖名记录日序，指马日这一天，仅是记录日序。某地固定在马日这一天进行集市贸易，即马日这一天赶集，遂称赶马日集。已由"日序"转指集市贸易的场期，即"场序"。再由场序转指马日赶场的地方，称赶马日场或赶马场，这时的生肖名不仅标记日序和场序，而且标记场序所在的"处所"了。最后成为赶场地的专有名称——地名。由图1可知"马日"到"马场"，从纯粹的标记日序，通过记录经济活动、有规律经济活动的场所，最后到地名，完成了从"纪日"到"标地"的转换。干支时序与十二生肖动物名对应，构成十二生肖时间序列，当其成为十二生肖场期地名时，就彻底完成了时间序列到空间序列的转换。马场、龙场、牛场类生肖地名在贵州大量出现，就是上述认知转换的结果。

我们从《贵州省行政区划手册》中统计出市、县、区名称，乡镇街道及其政府驻地名称，计有30353个，其中十二生肖地名有2010个；以十二生肖动物名冠首的地名有1250个。

各生肖地名的分布情况见表3：

表3　贵州生肖地名用字统计简表

生肖名	鼠	牛	虎	兔	龙	蛇	马	羊	猴	鸡	狗	猪
小计	14	149	29	9	976	11	475	185	28	92	19	23
合计	2010											

根据表3的数据可知，十二个生肖用字在贵州地名中都有出现，一个也没落下。使用字次超过100次的有龙、马、羊、牛，其中，"龙"字使用最多，达976字次。使用字次排名后三位的是兔9次、蛇11次、鼠14次。

贵州省现行政区有3个自治州和6个地级市。十二个生肖用字在贵州9个地级政区的分布情况如何呢？地名首字为生肖用字的地名分布情况如表4：

表4　地名首字为生肖用字的地级政区分布情况表

地区	小计	鼠	牛	虎	兔	龙	蛇	马	羊	猴	鸡	狗	猪
贵阳	84	1	7	0	0	32	1	28	8	0	4	1	2
六盘水	89	1	7	0	0	25	1	30	5	6	9	2	3
遵义	201	0	8	2	0	126	0	48	15	0	1	0	1
安顺	131	2	11	1	0	39	0	45	9	9	10	4	1
毕节	224	4	16	0	3	97	0	53	24	5	12	4	3
铜仁	125	0	15	2	0	67	0	31	4	2	2	1	1

地区	小计	鼠	牛	虎	兔	龙	蛇	马	羊	猴	鸡	狗	猪
黔东南	140	0	9	4	0	58	0	27	35	1	5	1	0
黔南	153	5	14	2	3	56	1	33	27	4	6	2	0
黔西南	103	0	10	3	1	34	0	30	8	0	9	3	5
合计	1250	13	97	14	7	534	6	325	135	27	58	18	16

根据表4的数据可以看出，十二生肖地名在贵州现有9个地级政区里都有分布。就地区分布情况而言，未见有特别多或特别少的地区，最多的毕节和遵义两地均超200，最少的贵阳和六盘水也有80多个，多数在100～200之间。可以说，生肖地名遍布贵州全省，用生肖动物名命名地名在贵州具有普遍性。

（二）生肖地名的谐音雅化

贵州省十二生肖地名中，有一类特殊的生肖地名，原本因集市贸易场期为生肖动物对应日而得名某场，如猪场、羊场、龙场、蛇场，在流传过程中，为求吉祥谐音雅化，改称为某昌，如羊昌、龙昌、蛇昌。猪场又改称同音吉祥名朱昌。

贵州有3个朱昌镇，分别隶属毕节市、贵阳市。有3个朱昌村。这6处名朱昌的镇村原本都是因亥日逢场，为求吉祥而改称朱昌。比如：贵阳市朱昌镇朱昌村，是朱昌乡（现为镇）政府驻地，原本得名于亥日集，名猪场，为求吉祥，谐音雅化，改称朱昌。崔乃夫主编《中华人民共和国地名大词典》："'朱昌'系'猪场'雅化。明初设朱昌堡，崇祯十一年（公元1638年）筑城，设农贸集市。"

猪场除谐音雅化改称朱昌外，还有谐音改称珠场、珠藏。

贵州境内有珠场1处、有珠藏3处：

珠场村（毕节市大方县小屯乡）

珠藏镇珠藏村（毕节市织金县、黔南布依族苗族自治州瓮安县）

珠藏坝村（黔南布依族苗族自治州瓮安县银盏乡）

贵州境内生肖地名"羊场"谐音雅化为"羊昌"8处：

羊昌镇（贵阳市乌当区）

羊昌布依族苗族乡（安顺市平坝区）

羊昌村（贵阳市清镇市红枫湖镇、六盘水市六枝特区岩脚镇、黔南布依族苗族自治州龙里县洗马镇）

上羊昌村（安顺市普定县龙场乡）

羊昌坡村（黔东南苗族侗族自治州麻江县杏山镇）

羊昌河村（黔南布依族苗族自治州福泉市凤山镇）

羊场除雅化为羊昌外，还雅化为"阳长"：

阳长镇（毕节市纳雍县）

这样的谐音雅化地名比较多，龙场谐音雅化为"龙昌"。蛇场谐音雅化为"蛇昌"，还有改称"条子场""顺场"。狗场谐音雅化为"久长"。牛场，改称"流长"。虎场改称"猫场"。我们统计发现，由生肖地名谐音雅化或改名后的地名从字面上已看不出得名原始，这类地名多达38处。谐音雅化的有虎、羊、猪、龙、蛇、牛、狗等七个，有的是对生肖动物名直接谐音雅化或联想改造，如牛、虎、蛇、猪；有的是把"场"字谐音雅化为"昌"字，同时取昌盛意。

地名汉字的使用范围大多具有一定的地域性。这些具有一定地域色彩的地名专用字，是地域文化和地域历史的反映，具有较强的文化内涵。生肖地名用字，特别是"生肖名+场"

字地名，具有很强的地域性。这种地名命名方式是一种非常特殊、非常富于地域特色的地名文化景观。这类成系列的地名为中国地名文化增添了一道亮丽的地名景观。

六、地名文化科普活动

2022年5月，与重庆市社科联共同合作开展"畅游红色故土探寻地名文化"为主题的"重庆地名大会"，将专业文化学习与主题教育有机结合，以地名知识为载体，从地理、历史、语言、文学、民俗等各个角度，全方位展现了重庆大地的万千风貌，弘扬和传播了红色地名文化，是以创新形式开展爱国主义教育的一次有益尝试，获得重庆日报、华龙网、上游新闻等媒体报道，引起了较大反响。

彰显地名底蕴，传承文化记忆，赓续红色血脉
——第二届"重庆地名大会"在川外圆满落幕

在"中山四路"重温重庆的前世今生，再一路走到"红色三岩"体味什么是共产党人的精神底色……2022年5月18日上午，由重庆市社会科学界联合会、四川外国语大学联合主办，四川外国语大学党委宣传部、教务处、科研处、中国语言文化学院和地名研究中心共同承办的第二届"重庆地名大会"，在四川外国语大学顺利举行。重庆市社科联副主席潘勇、四川外国语大学副校长祝朝伟、重庆市社科联普及部部长李向东、重庆地理文化专委会专家、重庆市气象局气象影视中心研究员段理及四川外国语大学相关部门负责人出席比赛。

第二届重庆地名大会决赛现场

第二届重庆地名大会决赛现场

本届"重庆地名大会"以"畅游红色故土，探寻地名文化"为主题，旨在重温习近平总书记重要足迹，弘扬和传播地名文化，挖掘红色地名故事，探寻红色地名魅力。比赛分为海选、初赛、决赛三个阶段，参赛选手来自四川外国语大学17个学院的70余名本科生和研究生，经过激烈角逐，最终12名选手进入决赛。在决赛中，推出了"脚踏实地"（必答选择题）、"必争之地"（线索抢答题）、"不败之地"（地名飞花令）、"大有见地"（导游展演式）四个比赛环节，提升了比赛的趣味性与对抗性。选手们你来我往，互不相让，发出青年人的声音，提出青年人的见解，碰撞出不一样的思维火花，展现了独属于青年学子的书生意气和蓬勃朝气。现场气氛十分热烈，观众直呼精彩，真正体会到了重庆之山河璀璨，巴渝文明之风骨华章。

本次比赛将地名知识竞赛、专业文化

选手抢答比拼

地名飞花令竞答

巅峰之战：导游展演

学习与主题教育活动有机结合，充分运用新技术新形式，为全校师生提供了开阔视野、学习交流的平台，是以创新形式推进爱国主义教育的一次成功尝试。通过视频、音频、图片、文字等多种形式，趣味横生地讲述了地名背后的历史风云。一张张标志性的照片、一段段讲述革命历史的视频，都在诉说着红色地名背后隐藏着的动人故事，让现场观众仿佛身临其境，在增加红色地名知识的同时，也为地名背后先辈们不屈的精神所深深打动。

习近平总书记强调："讲好中国故事，传播好中国声音，展示真实、立体、全面的中国，是加强我国国际传播能力建设的重要任务。"文化是一个国家、一个民族的灵魂。只有充分挖掘利用丰富的文化资源，坚定文化自信，才能更加自信从容地传播中国声音、讲好中国故事。

重庆市社科联副主席潘勇在致辞中指出，红色地名作为地方文化的重要组成部

重庆市社科联副主席潘勇致辞

副校长祝朝伟总结点评

分，是弘扬爱国主义、传承红色传统、延续红色文脉基因的有效载体，也是培育社会主义核心价值观最直接的表现形式。市社科联将会积极发挥自身力量，重视发掘重庆本土地名文化的魅力，弘扬和传播地名背后厚重的历史文化、革命文化，积极促进社会主义文化建设。四川外国语大学副校长祝朝伟在总结发言中对本次活动给予了高度肯定，他指出："本届"重庆地名大会"以地名知识为载体，从地理、历史、语言、文学、民俗等各个角度全方位展现重庆大地的万千风貌，深度挖掘了地名背后的红色故事，坚定了师生对革命理想的信仰，凝聚起爱党爱国的强大能量。同时也延伸了专业文化课堂，为青年学子讲述了一堂别开生面的思想政治教育课，激励广大师生攻坚克难、开拓奋进、不断前行。"

06

第六章

利用中国特色的非遗

传承育人的实践

一、非遗育人：以金钱板为例

在非遗传承育人实践中，四川外国语大学选取独具巴渝特色的国家级非物质文化遗产曲艺金钱板为传承项目。金钱板是发源于300余年前成渝两地的汉族说唱艺术，后逐渐流传于云南、贵州等西南地区，于2011年5月23日入选国务院第三批国家级非物质文化遗产名录。金钱板表演者手持长约一尺、宽约一寸的三块楠竹板进行表演，其中两块还嵌有铜钱或其他金属片，表演时竹板相互敲击，发出金属声音，故名"金钱板"。

金钱板展示

巴渝重庆建城历史延绵3000余年，是国家历史文化名城，境内大山大水，人民耐劳苦、尚奋进。金钱板是地道的巴渝地区代表性曲艺曲种，起源于成渝两地，具有浓郁的地域文化特色，其表现技法具有独特的巴渝民风民俗特征，艺术形式承载了丰富地域文化精髓和人文精神内涵，历史上深受川渝地区人民群众喜爱。但调查研究表明，如今中国的文化主流和文化生态正在发生巨大的变化，以金钱板为典型的非物质文化遗产正面临着大面积被遗忘、遭损坏、趋消失的严重威胁。目前，金钱板正面临着老艺人相继谢世、演员队伍青黄不接、资金不足、金钱板技能不能得到很好传承等生存现状，近年来金钱板几近濒临灭绝。四川外国语大学选取国家非物质文化遗产曲艺金钱板为传承项目，既因其独具巴渝特色，又因其流传堪忧，更因扎根巴渝大地的学校自身文化传承的使命。

作为国家西南地区外语和涉外人才培养以及外国语言文化、对外经济贸易、国际问题研究重要基地，学校人才培养定位是培养具有"国际视野、交流才能、创新精神"的高素质国际化人才，同时植根中华优秀传统文化、革命文化和社会主义先进文化，铸造学生的价值内核，塑造学生的"中国情怀"。通过选取金钱板作为非遗传承育人项目，学校将外语学科专业的人才优势、智力优势与文化传承的任务使命融合起来，并进一步转化为对外文化传播优势，在对外人文交流和文化传播中展现当代中国形象、讲好中国故事，促进中外民心相通和文明互鉴，努力成为重庆对外人文交流的排头兵。

金钱板作为独具地域特色的中华优秀传统文化之一，蕴含丰富深刻的思想观念、人文精神、道德规范，能够感染人、鼓舞人、激励人。项目在设计和实施中强调并突出文化对参与者、体验者的感染、影响、浸润作用，让青少年学生在体验、学习中华优秀传统文化的同时，领悟其中思想智慧和价值内涵。在金钱板表演传播中，本项目注重将中华优秀传统文化的艺术形式、表现技法与思想理念、人文观念结合并重，实现"以文载道"，使参与者在感观体验中华优秀传统文化"有意思"基础上，领悟中华优秀传统文化"有意义"，实现"以文化人"。

综上，为保护金钱板非遗艺术，实现非遗传承育人功效，2005年起，学校从坚守文化传承使命的高度，立足自身学科优势和人才培养定位，有计划、有步骤地开展了金钱板保护、传承和传播工作，努力传承好金钱板：投入多样资源，在金钱板上深挖思想内涵、传承技法形式、培育传承队伍，实现创造性转化、创新性发展；努力传播好金钱板：创作精品力作，构建传播平台路径，发挥文化育人教化作用。通过传承金钱板，对内，增强高校师生"四个自信""增强做中国人的骨气和底气"；对外，讲好中国故事、展示当代中国形象，促进中外民心相通和文明互鉴。学校坚持整体推进、关键突破的工作思路，近年来在课程建设、工作平台、传承队伍、科学研究、大众传播、对外交流等方面不断拓展和持续积淀，初步构建了彰显学校特色的金钱板传承发展体系，取得了非遗传承育人实效。

二、课程建设初显成效

四川外国语大学重视中华优秀传统文化教育，注重理论与实践并举，在相关专业中开设了《文化遗产保护》《非物质文化遗产概论》《民俗学概论》《中华才艺》《艺术概论》等专业课。面向全校学生开设了《中国传统文化》《金钱板表演艺术》《舞台表演艺术》《舞蹈表演艺术》等通识教育课程。2015年起开设的《金钱板表演艺术》实践类通识选修课和2016年起在汉语言文学等专业开设的《文化遗产保护》专业选修课，均以教授金钱板艺术为主要内容，将育人育才和文化传承结合起来。在全国，学校是唯一开设金钱板相关课程的高校；在非艺术类高校中，学校率先开设了非遗曲艺类实践课程。让金钱板走进课堂、走进大学生，

《金钱板表演艺术》《文化遗产保护》等非遗课堂

学生认真学习金钱板

让学生在亲身体验中真切感受以非遗艺术为代表的中华优秀传统文化魅力，激发青年大学生对中华优秀传统文化的认可和热爱。

三、平台建设基础扎实

学校着力构建大学生传承、发展和创新中华优秀传统文化的矩阵平台：以大学生作为传承传播中华优秀传统文化工

作的主体，建设11个大学生传统文化艺术社团，做大传承基数，创设金钱板表演队和非物质文化遗产推广基地作为建设平台，做强传承育人力量，最终形成了集体验、推广和传播于一体的大学生中华优秀传统文化传承工作矩阵。

学校金钱板表演队成立于2007年，是目前全国高校唯一的金钱板社团，队员稳定保持在50人左右，全部为在校师生。打造的金钱板作品在全国大学生戏剧展演、重庆市戏剧曲艺大赛、重庆市民间文化戏剧曲艺之星等比赛中屡获殊荣。学校于2013年设立非遗基地，初期以金钱板为代表项目，以文化体验、实践创新、辐射带动为职能，同时全面推进多种类非遗项目保护和传承。2015年，非遗基地建设项目被列为团中央创新试点项目，同年，非遗基地团支部被团中央学校部评为全国高校践行社会主义核心价值观"示范团支部"。2016年，非遗基地团支部被团中央学校部评为"活力团支部"。

四、传承队伍初具规模

金钱板传承队伍及其建设机制是学校建设具有鲜明特色的金钱板传承发展体系的关键。金钱板传承队伍包括艺术实践队伍和传承师资队伍两个部分。学校聘请金钱板国家级代表性传承人、国家一级演员丁长福先生担任学校客座教授，担纲传承队伍领军人。探索高校非遗艺术传承规律和队伍建设规律，通过金钱板课程教学、课程实践、文化实践广泛辐射青年师生，形成了一大批金钱板的稳定学习者；从中发掘优秀苗子和可塑之才，造就了一批青年学生核心推广者以及实践队伍；在教学、科研、传播实践中培养了一批青年教师为骨干的传承师资队伍。

在推广传承金钱板艺术的道路上，丁长福教授经过近60年的学习、探索、总结、创新，从自身修炼到社会推广，从面到点，从量到质，从校外到校内，从第二课堂到第一课堂，为金钱板的传承和保护开辟出了一种独特的培育新模式。截至目前，丁长福教授演出场次高达六千余场，担纲主演的大型川剧、歌剧、话剧、小品多次获得国家级、省部级大奖。

丁长福带领学校青年师生骨干开展金钱板表演艺术开拓性探索，注重将金钱板表演技巧同思想理念阐释结合起来，从时事政治、现实故事中提炼题材、获取灵感，把金钱板的艺术价值与时代特点和要

客座教授丁长福

求相结合，推出一批底蕴深厚、涵育人心的优秀文艺精品。例如，以《习近平关于青少年和共青团工作论述摘编》内容蓝本，通过金钱板传统文化形式，在青年师生中传播、宣传习近平总书记关于青年工作的重要思想。学习和改编作品《重庆热》贯穿重庆精神，展现重庆形象。唱词展现重庆炎热多雾的气候特点、多山的地理特点、多辣的饮食特点，唱腔展示重庆人热情豪爽、积极乐观的生活态度，整体反映重庆人民在党和政府领导下自强不息、奋发图强地建设生活家园、精神家园。该作品屡获殊荣，第四届全国大学生艺术展演活动中获全国甲组三等奖、重庆市甲组一等奖；第五届重庆市

戏剧曲艺大赛中获曲艺类一等奖；第二届重庆市民间文化艺术之星比赛中获团体类第一名；第二届中华学子青春国学荟活动中被评为全国优秀国学教育文艺作品。

原创金钱板作品《大山里的启明灯》旨在贯彻落实习近平新时代中国特色社会主义思想和党的十九大、十九届二中、三中、四中全会精神，礼赞全面建成小康社会，喜迎建党100周年，聚焦中华民族伟大复兴中国梦，紧靠时代主题，以支教大学生深入石柱土家族自治县中益乡开展支教扶贫工作为背景，鼓励学生走出山村，走向未来，在开启人生新旅程的同时，勇敢肩负起时代赋予的重任，志存高远，脚踏实地，努力在实现中华民族伟大复兴中国梦的生动实践中放飞青春梦想。该作品于2022年5月在全国第六届大学生艺术展演活动中荣获艺术表演类甲组一等奖、优秀创作奖。该作品作为唯一一个曲艺类项目，获批重庆市文联庆祝中国共产党成立100周年中青年重点文艺创作扶持项目。

原创话剧《传承》讲述青年大学生在国家级代表性传承人的感召下克服困难学习金钱板，坚守中华优秀传统文化传承，寻找文化自信的底气的青春校园故事。该作品在第六届重庆大学生戏剧演出季中获优秀演出剧目、优秀演员等6项大奖，被推送参选第六届中国校园戏剧节，作为唯一一所高校剧目，入选重庆市公益演出剧目，并在重庆市大剧院公演。

学校师生队伍多次代表重庆参与全国曲艺类非物质文化遗产项目交流展演、全国非遗曲艺周活动等交流展示活动，扩大学校金钱板影响力，得到重庆卫视新闻联播、《新闻解码》和《喜气洋洋闹新春》春节特别节目、重庆电视台科教频道《巴渝寻宝》等栏目，重庆官方权威杂志《今日重庆》，重庆日报《大学周刊》，及中国文明网、新华网、中新网等媒体的广泛宣传和报道。此外，在2020年初新冠肺炎疫情防控期间，创作了《丁长福的好乡亲》《不出门，丁长福们都是乖乖D》《瘟神就走了》等金钱板作品，号召全民抗疫。

迄今为止，金钱板表演队已累计培养数百名表演学员。队员毕业后虽奔赴海内外不同工作岗位，但心中已深埋中华优秀传统文化的种子，继续参与金钱板传承和保护工作，为金钱板推广普及作出积极贡献。

丁长福指导学生

丁长福与川外师生在四川外国语大学庆祝建校70周年
文艺晚会上表演金钱板

丁长福带领徒弟10人在第四届中华职业教育创新
创业大赛全国现场总决赛颁奖典礼上表演金钱板

丁长福带领徒弟11人表演金钱板《秀美重庆》亮相
重庆市纪念五四运动100周年主题团日活动

丁长福及传承人丁欢编创作品《大山里的启明灯》并指导学生
参加全国第六届大学生艺术展演荣获一等奖、优秀创作奖

五、大众传播精彩纷呈

学校探索用中华优秀传统文化蕴含的深厚思想价值内涵和呈现的生动艺术形式、表现方式展现其感召力、引领力，推进大众传播、辐射影响。其中，以丰富的校园文化活动为辅助载体，打造特色校园文化"软环境"，充分发挥传统文化育人隐性课堂和文化力量的熏陶作用，推进非遗活态传承和创造性转化；以特色的社会实践活动为依托，充分发挥传统文化育人工作的实效性、针对性，多举措推进非遗传承育人工作。

近五年，每年寒暑假学校精心筹划、组建师生"三下乡"队伍专门送文化下乡、送文化上门，将金钱板等传统文化艺术作品带到非遗项目丰富聚集地大凉山、重庆库区移民区县、主城周边区县，突出思想内涵，彰显价值观念，展现传统文化独特魅力。对接受众需求、引导受众需求，创设稳定文化情景普及传统文化，探索解决中华优秀传统文化传播"最后一公里"问题。与沙坪坝区覃家岗街道、三峡广场商圈、磁器口古镇管委会、烈士墓小学结对合作，定期组织队伍进社区、进教室设点教授金钱板、篆刻、剪纸、武术等传统文化项目。借助研究生支教团项目，在支教地开展金钱板教学和推广活动。

非遗基地师生走进田间地头

非遗基地师生与村民共劳作

非遗基地学生向当地村民讲授金钱板

村民积极向非遗基地学生学习金钱板

非遗基地师生在磁器口景区大门前表演金钱板

央视新闻网直播非遗基地师生表演的金钱板节目《重庆热》

磁器口景区大门前，游客驻足观看非遗基地师生表演金钱板

游客体验学习金钱板

六、对外交流影响深远

　　学校整合学科专业优势，支持师生用金钱板等文化载体、艺术形式，结合其他中华优秀传统文化中精彩元素、特色符号，展现当代中国形象，擦亮文化走出去名片，助力重庆市"对外开放高地"建设。2014、15年，受国家汉办委派，学校相关师生赴俄罗斯进行中华优秀传统文化巡演和交流，内容包括金钱板、古琴、书法、剪纸、茶道和民族服饰展示、民族歌舞等，访问7座城市和9所学校。巡演活动被俄罗斯国家电视台、国家汉办网站、新华社亚欧分社等主流媒体广泛报道。期间，中华人民共和国驻俄罗斯联邦大使馆参赞赵成国亲切慰问和高度表扬川外师生，相关内容刊载于教育部中俄人文合作委员会第168期简报。3名喀山联邦大学俄罗斯青年通过体验参与文化巡演，受中华优秀传统文化感召，改变原意大利留学计划到中国留学。助演四川外国语大学成渝外交官联谊活动、中法建交50周年晚会、第四届西部地区韩国语演讲

赴俄罗斯推广中华优秀传统文化

在国内参与对外人文交流活动

大赛开幕式等，与来访的多哥洛美大学孔子学院、美国西佛罗里达大学孔子学院、俄罗斯文化交流团、匈牙利文化交流团开展文化交流活动100余次。2019年6月，为在渝参加"一带一路"陆海联动发展论坛智库联合考察团的嘉宾进行金钱

板艺术展示和表演，获高度评价。

非遗育人成效显著。在对外文化交流中，毕业生们也发挥着重要作用，他们用非遗讲述中国故事，用文化架起中国与世界人民交往沟通的文化桥梁。非遗基地培训的学生毕业后出国深造，将金钱板等传统文化艺术带到美国、澳大利亚、英国、韩国等20多个国家。在重庆市首届国际文化节汉语比赛决赛、四川外国语大学成渝外交官联谊活动、四川外国语大学第九届中法文化周暨庆祝中法建交50周年主题晚会、第四届西部地区韩国语演讲大赛中进行传统文化艺术表演和展示，与多哥洛美大学孔子学院、美国西佛罗里达大学孔子学院、俄罗

毕业学生在国外展示金钱板

斯巴什科尔托斯坦代表团、匈牙利布达佩斯洛什歌舞团Szilas开展文化交流等活动60余次。

七、非遗文化育人多重路径

中华优秀传统文化孕育于中华5000多年文明发展历程，积淀着中华民族最深沉的精神追求，代表着中华民族独特精神标识，是中国特色社会主义植根的文化沃土。党的二十大报告强调："坚持和发展马克思主义，必须同中华优秀传统文化相结合。只有植根本国、本民族历史文化沃土，马克思主

义真理之树才能根深叶茂。中华优秀传统文化源远流长、博大精深，是中华文明的智慧结晶，其中蕴含的天下为公、民为邦本、为政以德、革故鼎新、任人唯贤、天人合一、自强不息、厚德载物、讲信修睦、亲仁善邻等，是中国人民在长期生产生活中积累的宇宙观、天下观、社会观、道德观的重要体现，同科学社会主义主张具有高度契合性。"高校应当肩负起传承和繁荣优秀文化的职能使命：高校是培养育德育才的基地，青年大学生既是优秀文化传承传播的客体，又是传承传播优秀文化的主体；高校是研究学问传授知识的地方，有职责有能力推动中华优秀传统文化创造性转化彰显时代新价值，创新性发展构筑国家软实力；高校是意识形态斗争前沿阵地，传统优秀文化是中国特色社会主义文化自信的重要来源。四川外国语大学始终坚持高等教育的初心和梦想，不断厚植自身文化自觉，不断夯实自身文化底蕴，结合自身定位和任务使命，实践探索了传承与创新、弘扬与传播中华优秀传统文化的多重路径。

一是构建让中华优秀传统文化传承"活"起来的课堂传承课外传播路径。在第一课堂，学校选取独具巴渝特色的国家非物质文化遗产金钱板为代表艺术形式，探索将非遗文化作为主题和内容注入学校人才培养体系和课程体系，推动传承方式由传统师徒口口相授向课堂化课程化传授转型，把非遗艺术中的思想理念、技法形式、编创规则等核心内容规范编入课程教学大纲和教案，以推动中华优秀传统文化传承传播的课程化、规范化、科学化。通过课程教学、课程实践系统培养、可持续培养非遗核心推广者，并在此基础上进一步选拔和培养代表性传承人。在第二课堂，学校坚持"文化+引领"工作思路，探索用丰富的文化形式承载深刻的思想内容，用文化参与文化体验带动和增进思想理念、道德观念认知认同。构筑校园中华优秀传统文化比赛展演平台。

坚持思想精深、艺术精湛、制作精良相统一为目标，着力创作，打造一批中华优秀传统文化精品力作。从中华文化资源宝库中提炼题材、获取灵感、汲取养分，把中华优秀传统文化的有益思想、艺术价值与时代特点和要求相结合，运用丰富多样的艺术形式进行当代表达，推出底蕴深厚、涵育人心的优秀文艺作品。同时，为丰富传播途径，挖掘整理优秀传统剧目，推进数字化保存和传播。利用现代科技助推传统文化发展，共同创造新的传播方式，让青年师生更好地学习、传承传统文化。

二是构建让中华优秀传统文化的参与"火"起来的特色平台传播路径。2013年设立校非物质文化遗产推广基地，2015年非遗基地建设项目被列为团中央创新试点项目，2017年被评为重庆市非物质文化遗产传承教育基地。经过年复一年的累积沉淀，逐渐构筑了完备的校园中华优秀传统文化比赛展演平台。近五年，邀请专业艺术院团到校演出，举办非物质文化遗产专家讲座30余场；举办24节气系列活动、戏曲展演等传统文化活动100余场。开展金钱板等学习课堂100余次，累计学习人数达1000余人；举办以中国传统文化为主题的沙龙130余场，累计辐射1万余人。成立"歌乐蒙正堂"推广基地微信公众号占领网络阵地，公众号关注人数2000余人。着力创作打造一批中华优秀传统文化精品力作。推广基地主创的传统文化作品在重庆市第二届、第四届、第六届大学生艺术展演均获市级一等奖，并分获全国第六届大学生艺术展演一等奖、优秀创作奖；第五届重庆市戏剧曲艺大赛中获一等奖；受邀代表重庆参与全国曲艺类非物质文化遗产项目交流展示，连续3年在重庆市大学生"校园之春"文化艺术体育活动中展示金钱板等传统文化艺术作品。

三是构建让中华优秀传统文化的体验"动"起来的社会大众互动传播路径。在实施非遗传承育人的过程中，除了技能训练和技艺传承走进课堂之外，更多的是要让青年师生在体验、欣赏、实践、领会、掌握的过程中，感受中华历史的博大精深，品味传统文化的丰富内涵，传承精益求精、持之以恒的非遗精神，并通过所学、所感、所思将非遗文化推进大众视野，进一步用优秀文化构建优势文化，对接和引领大众所需，发挥文化的隐性思想政治教育功能，用先进文化、优秀文化辐射心灵、涵育德行、引领风尚，同时，以大众喜闻乐见的方式深入挖掘非遗文化中蕴含的价值观念、人文精神、道德规范，推动社会主义文化繁荣兴盛。

近年来，学校依托"三下乡"等社会实践活动、志愿服务平台，精心策划、积极组织师生将金钱板等非遗文化带到非遗项目丰富聚集地，借力非遗文化优势，在表达方式、呈现形式上进行转化和创新，找到传统文化和现代生活的连接点，促进中华优秀传统文化融入居民日常生活，让大众从一件件实物、一门门手艺中，能充分体会金钱板等非遗文化的博大精深，精妙绝伦，体会中华人民在千百年历史进程中涌现的生活智慧，体会独具特色、异彩纷呈的非遗文化。

四是构建让中华优秀传统文化的影响"亮"起来的中外人文交流传播路径。非遗传承育人以学校非遗基地、国际文化交流大学生艺术团为依托，秉承学校建校以来的革命精神和优良传统，在人才培养中坚持"国际视野、交流才能、创新精神"高素质国际化人才定位，同时坚守文化传承使命，重视中华优秀传统文化，尤其是重庆本土优秀巴渝文化的保护、传承、传播和普及；将育德育才与文化传承结合起来，把中华优秀传统文化作为人才培养重要内容，汲取其思想精华，坚持创造性转化、创新性发展，发挥其教化育人作用，塑造学生"中国情怀"，深入挖掘代表中华文化的特色元素，擦亮文化走出去的名片。灵活多样地开展对外交流项目，推动学校与俄罗斯、非洲地区等学校建立友好交流关系，架起了文化沟通的桥梁，通过沉浸式的体验交流，拉近了外国友人与金钱板等中华优秀传统文化的距离，展现了学校对非遗文化从坚守到传承，从传承到创新，从创新到融合的脉络，进一步助推非遗文化走出国门，走向世界，为非遗文化传承发展添上了浓墨重彩的一笔。

通过非遗传承育人，让非遗文化走进高校、走进课堂，实际上就是让文化、历史和文化"说话"。在新时代背景之下，高校作为人才培养的摇篮、科技创新的阵地、文化传承的高地，承担着培养亿万有素质的普通劳动者、培养更多创新人才和高素质人才的重大使命，在非遗文化保护和传承工作中也发挥着至关重要的作用。学校以金钱板等非遗文化为载体，通过民间师徒式传授和高校课堂传承方式的结合，形成了高效、良性的"传帮带"性质的传承机制，通过非遗课堂、专业渗透、文化活动，给几近灭绝的非遗传承和发展带来了转机，一定程度上实现了非遗传承与高校育人的协同发展。前路漫漫，高校非遗传承育人仍需走很长的路，相信不久的将来将会真正实现非遗传承与高校育人的高效协同发展，让中华民族优秀的文化基因在广大青年心中生根发芽、开花结果，永续中华民族的根与魂。

后　记

本书系"四川外国语大学新文科建设系列教材"之"新文科建设：以文化人系列丛书"之一，也是苟欣文教授领衔的2020年度重庆市高校思想政治工作精品项目""文化育人"之"中华优秀文化育人"课题的最终成果。

本书总结和展示了四川外国语大学以"国学根柢，世界眼光"为理念，优秀传统文化育人的成果与做法。其中以实践性成果为主，有课堂教学内容展示，有教学体系呈现，也有很多教师与同学们实践性和特色性的活动。很多图文内容以新闻报道形式在四川外国语大学官网或中国语言文化学院官网上发布过，有的也在华龙网、中国新闻网等媒体报道过，记录了近年来中华优秀传统文化在川外留学生教育中的育人成效，再现了留学生对中华文化的理解和感悟，保存了经验性和理论性的总结，蕴含了这一段时间内优秀传统文化育人的成果显现。

本书由薛红领衔，周文德、李铮、康清莲、张晓芝、黄劲伟、王琥、丁欢共同编写。具体分工如下：序言：薛　红；第一章　国学经典涵养人文底蕴：康清莲；第二章　课程指向培育理想人格：张晓芝；第三章　文化传播追寻大同梦想：黄劲伟；第四章　双创平台锻造实践能力：王　琥；专题一　利用中国特色地名文化育人的实践：周文德、李铮；专题二　利用中国特色的非遗传承育人的实践：丁欢。李铮负责统稿。

本书采用的图片系各章作者提供，如有不妥，请读者提出批评建议。

我们深知：探索中华优秀传统文化育人是一个充满诱惑又十分艰难的过程，而且没有统一的模式和路径。我们是外国语大学，用世界眼光筑牢国学根柢，弘扬中华优秀传统文化只是我们所做的有限尝试。书中所述，肯定存在诸多不足。仁者见仁，智者见智。我们希望广大读者不吝赐教。